Strade blu

NON FICTION

W0336867

Jacob Burak

MA GLI SCIMPANZÉ SOGNANO LA PENSIONE?

Come diventare molto ricchi
(o almeno essere felici)

MONDADORI

Traduzione di Anna Zapparoli

www.librimondadori.it

ISBN 978-88-04-59221-1

Copyright © 2007 by Jacob Burak
© 2009 Arnoldo Mondadori Editore S.p.A., Milano
Titolo dell'opera originale
Do Chimpanzees Dream of Retirement?
I edizione maggio 2009

Indice

Ma gli scimpanzé sognano la pensione?

Parte prima

Latte bevuto o latte versato?

Introduzione

Nel 1992 il dottor Reuben Hecht, l'amministratore delegato della Dagon Granaries of Israel, mi concesse un appuntamento. Insistevo perché investisse nel fondo di capitali di rischio da me creato, ma non ero ancora riuscito a convincerlo. Osservando le sue reazioni, mi accorsi tristemente che i miei argomenti non gli arrivavano al cuore; figuriamoci se gli sarebbero arrivati al portafoglio. Snocciolai una lista di nomi rispettabilissimi di persone interessate al mio fondo Evergreen, ma niente lo smuoveva. Il dottor Hecht, imprenditore, figlio di imprenditori, collezionista d'arte e di reperti archeologici, membro fondatore dell'Università di Haifa e noto benefattore, era stato in grado di realizzare i suoi sogni senza bisogno di investire in capitali di rischio. Ero a corto di idee: che cosa potevo dire per convincere la Dagon Granaries ad allentare i cordoni della borsa?

E poi, forse per educazione, il dottor Hecht cambiò argomento: mi chiese dei miei genitori, da dove venivano, quale fosse la loro storia. Nonostante mi sfuggisse il nesso tra le vicende della mia famiglia e il capitale di rischio, fu un sollievo che avessimo cambiato discorso, perché le mie speranze che la trattativa andasse a buon fine erano ormai a pezzi (e non del tipo che il dottor Hecht collezionava). Gli dissi che i miei genitori venivano dalla Polonia orientale, erano sopravvissuti alla guerra e si erano sposati in Germania; nel 1947 erano partiti per la Palestina e la loro nave era stata intercettata dal blocco navale inglese. Furono mandati a Cipro, dove nacqui nel 1948.

Il dottor Hecht aveva pronta un'altra domanda. Fin dal primo momento in cui avevo accennato al viaggio dei miei genitori verso la Palestina, Hecht aveva cercato di contenere il proprio entusiasmo. «E qual era il nome della nave su cui si sono imbarcati per Israele?» chiese, con la flemma tipica degli ebrei tedeschi. «Se lo ricorda?» Con mia sorpresa, me lo ricordavo; la memoria di solito mi tradisce quando sono in ansia. «Si chiamava *Ben Hecht*» risposi. Il viso del mio ospite si illuminò. Per la prima volta notai nei suoi occhi un barlume di simpatia. La tensione che avevo visto dipinta sul suo volto, dalla punta della barbetta bianca ai contorni dell'ampia fronte, ora era sparita, ed egli aveva assunto l'atteggiamento calmo di chi ha tutte le informazioni necessarie. Si chinò verso il suo assistente, che era stato al suo fianco per tutta la durata dell'incontro, e sussurrò in tedesco: «Un milione». L'incontro era finito. La Dagon Granaries diventò uno degli investitori più fedeli di Evergreen.

Ero sotto shock. Di lì a breve, quando parlai al telefono con mia madre, capii che cos'era appena accaduto. Dopo la Seconda guerra mondiale, mi spiegò lei, poco prima che nascesse lo Stato Ebraico, c'erano moltissimi gruppi politici, tutti diversi e in conflitto fra loro. Questi gruppi finanziavano le navi destinate a salvare gli ebrei rimasti ancora in Europa. Esisteva un legame politico assai stretto tra i passeggeri di queste navi e i loro finanziatori. Ben Hecht (non un parente del dottor Hecht) era uno scrittore e sceneggiatore prolifico (aveva vinto due Oscar), nonché convinto militante della destra sionista. La nave che portava il suo nome fu una delle ultime di questo tipo a salpare per Israele nel 1947.

Le simpatie politiche del dottor Hecht erano note a chiunque avesse passato anche solo un minuto in sua compagnia.

Era un appassionato sionista revisionista e aveva avuto il ruolo di consigliere personale dei Primi ministri conservatori Menachem Begin e Yitzchak Shamir. I miei genitori, invece, erano finiti sulla *Ben Hecht* solo per un'incredibile serie di coincidenze: non condividevano le opinioni di destra dei loro compagni di viaggio.

Un anno dopo il nostro incontro il dottor Hecht morì. Io non smettevo di tornare con la mente alla scena del nostro incontro. Più ci pensavo, più mi convincevo dell'esistenza di un fenomeno in cui mi ero imbattuto spesso in passato, e avrei continuato a imbattermi in futuro: nelle decisioni d'affari, in particolare quelle che riguardano gli investimenti, l'emotività gioca un ruolo fondamentale, e a volte ha la meglio sulla ragione.

Il dottor Hecht, che era dotato di tanta buona volontà ma non capiva nulla di capitali di rischio, cercava disperatamente un appiglio cui aggrapparsi per prendere una decisione. Cercava un senso di comunanza quasi tribale, un sentimento di appartenenza. Si era comportato di sicuro in modo irrazionale, ma profondamente umano.

Da allora mi sono capitate centinaia di incontri d'affari e ogni volta sapevo cosa stavo vendendo; di rado, invece, mi era chiaro cosa stesse davvero comprando la persona che mi trovavo di fronte. Io vendevo un buon ritorno sugli investimenti, mentre gli investitori (specialmente se ebrei) erano lì per comprare tutta una serie di prodotti: un senso di coinvolgimento, di partecipazione alla scena dell'high-tech israeliano, la voglia di avventurarsi in un'operazione finanziaria che li ripagasse delle donazioni fatte a Israele, perfino un desiderio di assicurare un impiego futuro ai propri figli. Ed è lì che sta la magia: gli affari non sono numeri, gli affari sono persone.

Diventare un uomo d'affari, se devo essere sincero, non era mai stato il mio sogno. Terminate le scuole superiori, fui arruolato da una delle unità accademiche dell'esercito, per la palese felicità dei miei genitori. Nel modulo di iscrizione scelsi psicologia come materia di base, seguita da ingegneria industriale. Mio padre diede un'occhiata al modulo e poi mi scrutò severamente. Non c'era bisogno di parole: dopo tutti quegli anni di silenzio, se la cavava piuttosto bene nella comunicazione non verbale. Il suo sguardo parlava chiaro: «Mio figlio deve studiare una materia pratica e scegliersi una professione non rischiosa».

Non ci pensai poi molto: unico figlio di due superstiti dell'Olocausto, mi sentivo in dovere di accontentare i miei genitori. Nel 1970 mi laureai presso la facoltà di Ingegneria industriale e gestionale del Technion, il più importante Istituto di Tecnologia di Israele. Abbandonai la psicologia; per i tre anni successivi fui a capo di un piccolo reparto pianificazione della Marina; successivamente, alle dirette dipendenze del Capo di Stato Maggiore, sempre della Marina, mi ritrovai coinvolto in alcuni interessanti progetti di ricerca operativa.

Nonostante mi sentissi particolarmente a mio agio fra statistiche e modelli quantitativi, non fui mai veramente attratto dal mondo degli affari. A dire il vero, non pensavo che avrei avuto successo come businessman. Non avrei mai immaginato di rischiare qualcosa di più dello studio di consulenza che avevo fondato con un socio. Analisi? Benissimo. Consulenze? Meglio ancora. Ma esporre a un rischio i miei soldi, o peggio, i soldi altrui, mi sembrava impensabile.

Nell'autunno del 1984 mi capitò un'esperienza singolare che cambiò del tutto il mio atteggiamento nei confronti degli affari. Poco tempo prima due aziende avevano comprato il 40 per cento del mio studio di consulenza. Tra le altre cose, nell'accordo chiesi che mi dessero modo di frequentare il corso per manager della Harvard Business School: mi mancava una preparazione accademica in gestione di affari. La mia richiesta fu accolta e il corso si rivelò una delle esperienze più feconde di tutta la mia vita professionale.

Le lezioni alla Harvard consistono nell'analisi di concrete situazioni aziendali. Gli studenti espongono lo studio di un caso davanti ai compagni e il docente fa da moderatore nella discussione che ne segue. Raramente la classe raggiunge un accordo unanime. Il punto di vista di ciascuno è importante, ma non è da meno lo scambio di idee, e le opinioni degli studenti, tutti manager esperti, sono altrettanto degne di interesse di quelle del professore. E a determinare la tua reputazione all'interno del corso sono in gran parte i tuoi compagni, ambiziosi quanto te.

Durante le quattordici settimane del corso furono esaminati almeno duecento casi, dal controllo qualità in una piccola fabbrica di pompe idrauliche in Sud America alle strategie del marketing della General Electric. Uno degli studi illustrava la storia della Allied Chemicals, che a mio parere coincide con quella del suo direttore generale, John Connor. Nel 1962 la Allied Chemicals, specializzata in prodotti chimici, iniziò ad acquistare giacimenti di gas e petrolio in Texas, soprattutto allo scopo di ottenere materie prime per la propria produzione. Nei primi anni Settanta questa strategia di investimento era fortemente sostenuta dal nuovo direttore generale dell'azienda, John Connor, appunto. Durante il corso, la storia del rapporto tra il nuovo dirigente e i membri più anziani e conservatori del consiglio di amministrazione fu descritta a lungo e con dovizia di particolari: il CDA, a quanto pare, non approvò la sua decisione di abbandonare alcuni degli investimenti abituali ma meno produttivi della Allied Chemicals. Dopo un susseguirsi di vicende in cui si dimostrò che Connor aveva una visione assai lungimirante e apparve chiaro (almeno a me) che il suo consiglio di amministrazione lo aveva boicottato, la Allied Chemicals si decise a investire parecchie delle sue risorse nella ricerca di giacimenti di gas e petrolio in tutto il continente americano, a scapito di affari che per l'azienda erano più consueti ma poco redditizi.

Lo studio del caso finiva lì. Al corso non ci dissero come erano andati gli investimenti, né come la Allied Chemicals si era sviluppata, né cosa era accaduto a Connor. Il professor Michael Y. Yoshino, che moderava la discussione, invitò gli studenti a valutare le decisioni del dirigente con un voto da 1 a 5. La media fu meno di 3; io gli diedi 4. Provavo simpatia per la dolorosa solitudine che immaginavo dovesse aver provato quel manager di talento mentre cercava di guidare la sua azienda verso nuovi orizzonti, nonostante un consiglio di amministrazione fossilizzato che gli remava contro.

Il professor Yoshino, poi, ci diede una nuova informazione: una grossa fetta dei fondi di investimento era stata stanziata per ottenere una posizione minoritaria in un progetto per la ricerca di giacimenti di petrolio nel Mare del Nord, regione lontana da quasi tutte le attività dell'azienda. Se ogni cosa fosse andata per il verso giusto, la Allied Chemicals ne avrebbe tratto grande giovamento, ma non c'era modo di seguire il progetto, che era pilotato dall'azionista di maggioranza. Dopo averci dato questa ulteriore informazione, il professore ci chiese di votare di nuovo. La media scese a 2. Io, unico su 80 studenti, gli diedi 5. Il professor Yoshino mi lanciò uno sguardo dubbioso e continuò a spiegare come si era risolto il caso. Nel 1979, quando Edward Hennessey succedette a Connor a capo della Allied Chemicals, l'80 per cento delle vendite dell'azienda e molti dei suoi profitti provenivano dalle attività promosse dal precedente direttore generale nel campo del petrolio e del gas. (Connor, tra l'altro, era destinato a diventare ministro del Commercio sotto il presidente Lyndon Johnson, e fu il primo uomo di governo a dare le dimissioni per protestare contro la guerra in Vietnam. Anche in questo dimostrò di avere un pensiero autonomo e di essere una persona onesta.)

Ho ripensato spesso a questa storia e in tutta franchezza devo ammettere che ha giocato un ruolo importante nella mia decisione di mettermi in affari. Anche se non avevo gli strumenti per apprezzare appieno l'intelligenza finanziaria di Connor, comprendevo la solitudine che doveva aver provato davanti a un consiglio di amministrazione palesemente ostile, e ammiravo il coraggio con cui aveva messo in atto una strategia che nessuno condivideva. Fece del suo meglio per guidare un'azienda che, nonostante godesse di gigantesche risorse finanziarie, era frenata da una dirigenza dalla visione miope; eppure in ultima istanza le sue decisioni si erano dimostrate quelle giuste.

L'empatia, cioè la capacità di mettersi nei panni di un'altra persona e di sentire quello che sente, è forse la dote che più di tutte rende tale l'uomo d'affari. Se sai quello che stai vendendo, l'empatia ti permette di capire anche cosa il tuo interlocutore sta comprando.

Come le altre qualità del buon businessman, l'empatia è radicata nella debolezza umana; nel nostro caso, nella sensibilità e nella vulnerabilità. Siccome dobbiamo valutare le motivazioni dell'altro per essere certi che non si riveli un nemico, sviluppiamo la capacità di metterci nei suoi panni. Senza questa dote, non sarei potuto entrare in affari, né consiglierei ad altri di farlo.

Ma il successo che cos'è?

Ho il sospetto che questo libro non sarebbe mai stato scritto, né tanto meno letto, se io non fossi un businessman di successo. Personalmente questo fatto, così come quello di vedere il mio nome in questa o quella lista degli uomini più ricchi, non mi dà alcuna soddisfazione. Per quanto mi riguarda, tutto quello che ho ottenuto ha un solo grande vantaggio: che sono libero di vivere la vita come voglio.

Il segreto del successo, secondo me, è che non c'è nessun segreto, e chiunque arrivi in cima si accorge che non c'è nessuna cima. La decisione più difficile per un uomo di successo è di rinunciare alla propria strepitosa capacità di accumulare denaro per fare spazio a una vita più equilibrata, più umile, nella quale avere il tempo per dedicarsi a cause che con gli affari non hanno niente a che vedere.

L'unico segreto che conosco è quello rivelato dal drammaturgo americano Tennessee Williams: «Il successo è timido. Quando gli dai la caccia non si fa vedere». E nonostante questo saggio consiglio, migliaia di imprenditori, consulenti e autori di manuali vari insistono di essere in grado di svelare il segreto del successo, da loro raggiunto quando hanno avuto l'audacia di cercarlo. C'è una domanda riguardo a questo argomento, invece, che non si pone mai nessuno: ma il successo si può davvero definire?

Il motivo di questa mancanza è semplice. Per la cultura materialistica occidentale la definizione di successo è chiara: si tratta del possesso di beni, idealmente beni liquidi. Il modo con cui si ottiene questa ricchezza non ha importanza, e il prezzo pagato è anch'esso irrilevante: le migliaia di ore e di giorni passati lontano dalla famiglia e dagli amici, uno stile di vita che ti porta a mangiare male e a non riposarti mai; e, peggio ancora, il fatto di dover scendere a compromessi con i propri principi etici. Il successo è come una scala a pioli, e chi decide di salirla spesso dimentica quant'è importante che sia ben appoggiata a un saldo edificio di valori.

Uno dei miei clienti una volta mi disse che i chirurghi si dividono in due categorie. Da una parte ci sono i chirurghi «naturali» quelli che dopo aver eseguito un'operazione hanno le stesse energie che avevano prima di cominciare, e si precipitano a casa per non perdersi una bella serata. Dall'altra parte, troviamo i chirurghi «non naturali», che dopo l'intervento sono esausti e si precipitano a casa solo per perdersi nell'oblio. È interessante rilevare che non si nota alcuna differenza di prestazione tra le due tipologie.

Sono convinto che anche per gli uomini d'affari si possa operare la stessa suddivisione: ci sono i businessman «naturali», così rapiti dal lavoro che si sorprendono ogni volta che è ora di tornare a casa, e quelli «non naturali», per i quali la fine della giornata non arriva mai. Nonostante la grande differenza di carattere, le due categorie possono avere uguale successo. Gli affaristi naturali sono estroversi, socievoli, pieni di vitalità; i non naturali suppliscono alla mancanza di queste qualità con l'autodisciplina, la pazienza, la perseveranza e l'acume. So di appartenere a quest'ultimo tipo. Se dovessi appendere una targa sulla parete dietro la mia scrivania, ci farei incidere una citazione di James Kunkel, campione olimpionico di canottaggio, che vinse l'oro a Sydney e ad Atene: «Se mi dessero otto ore per abbattere degli alberi, ne passerei sei ad affilare l'ascia».

Moltissimi uomini d'affari, secondo me, sono non naturali, e non avrebbero neanche messo piede nel mondo della finanza se questa non avesse un ruolo chiave nella nostra cultura. Per costoro il segreto del successo consiste soprattutto nella scelta del settore giusto. Le carriere in cui sono necessarie brillanti doti manageriali, la politica, le posizioni di comando non fanno per loro; e neanche le attività con una soglia d'accesso bassa: queste sono terreno fertile dei «naturali».

Invece, un'azienda che si concentra sui bisogni finanziari degli investitori è la scelta ideale per i «non naturali». Nel settore del capitale di rischio le commissioni sono decise a livello mondiale (il 2-3 per cento del capitale investito e il 20 per cento del profitto), e possono sopravvivere anche alle più scellerate tattiche di contrattazione da parte delle istituzioni finanziarie più agguerrite. Se sceglie la tecnologia giusta, un'impresa nata da poco può rendere ai gestori del fondo decine di milioni di dollari. E, ciò che più conta, di solito il cliente è un astuto professionista che conosce le regole del gioco e la cui lealtà nei confronti del bravo manager di investimenti è forte.

Quando fondai la Evergreen, decisi di concentrarmi su investimenti in *private equity*, un campo in cui le attività principali sono due: raccogliere fondi e investire. Le doti necessarie per svolgere queste due attività sono diverse, ma per entrambe la pazienza è indispensabile.

Nel 1987 mi recai in Canada per raccogliere capitali per il primo fondo Evergreen, e tenevo un registro scritto di ogni mia telefonata e di ogni incontro. Per nove mesi andai e tornai dal Canada, facendo più di duemila chiamate e incontrando circa trecento persone, alcune delle quali più di una volta. Finii per convincerne ventuno, che in totale investirono 4 milioni di dollari canadesi. Era tutto ciò che avevo per cominciare. A volte andare a caccia di denaro mi sembrava inutile, e quando uno degli azionisti più importanti, che oltretutto era un amico, decise di non investire nella Evergreen, per poco non gettai la spugna. Poi ricordai le parole di Thomas Edison, l'inventore della lampadina: «Quasi tutti gli uomini geniali hanno raggiunto il grande successo a un passo dal loro più grande fallimento». Capii che l'intelligenza, la perseveranza e la pazienza sono ancora più importanti del talento.

Le ultime ventiquattr'ore di quella raccolta fondi ebbero tutta l'aria del rito sacrificale, del genere che gli dèi greci imponevano per espiazione ai mortali affinché purificassero la propria anima. I temi delle grandi tragedie (lealtà e tradimento, avidità e generosità) si riproposero nel dramma in chiave moderna della mia raccolta fondi.

Dopo molti anni di esperienza, sono certo che alcuni dei miei investitori più navigati abbiano pensato che, se avevo messo tanta diligenza e oculatezza nella raccolta del denaro, ne avrei adoperata altrettanta negli investimenti, e che dunque c'era qualche possibilità di non veder sparire i loro soldi, o per lo meno di non vederli sparire subito. Confidavano nel fatto che sarei stato in grado di rimandare l'inevitabile catastrofe, così non si sarebbero sentiti troppo in imbarazzo con i colleghi più prudenti che avevano deciso di non investire.

Ma anche i gestori di fondi che scelgono l'attività più adatta a loro hanno successo solo se baciati dalla fortuna. A che punto mi troverei oggi se non fossi stato coinvolto, all'inizio della carriera, in un investimento particolarmente remunerativo? Il milione e mezzo di dollari che Evergreen investì nella Geotek, una giovane compagnia di comunicazione mobile molto promettente, fruttò 22 milioni di dollari:

una somma che all'epoca equivaleva quasi all'intero netto di Evergreen. Persuademmo a investire nella Geotek molti nostri clienti che grazie a quella operazione fecero fortuna e, di conseguenza, divennero fedelissimi della Evergreen. Se qualcuno si vanta delle proprie capacità di comprare o vendere nei periodi di grandi stravolgimenti dei mercati mondiali, non dategli retta, a meno che di cognome non faccia Fortuna. In quale modo spiegare altrimenti lo straordinario talento degli operatori della Evergreen? Come sono riuscito a diventare socio di Ofer Neeman, che ho conosciuto per caso? Pura fortuna, fortuna a ventiquattro carati.

Molti di coloro che studiano con pignoleria le classifiche degli uomini più ricchi redatte dai media non si rendono conto che su quelle liste appaiono solo i superstiti, quanti sono riusciti a sopravvivere in un mondo dove il successo è un palloncino circondato da bambini armati di spilli. Migliaia di imprese fallite e di uomini rovinati si sono persi lungo la strada. Per qualche strana ragione, tuttavia, tendiamo a dare la colpa delle nostre sconfitte solo alla sfortuna, ma attribuiamo a noi stessi il merito dei successi.

In affari, parliamo di fortuna quando accade qualcosa di altamente improbabile: ci aggiudichiamo un affare che non ci aspettavamo, o ci sediamo accanto a un potenziale investitore su un aereo; magari un cambio dei tassi ci avvantaggia nelle esportazioni; o una catastrofe naturale fa lievitare indirettamente le vendite di un nostro prodotto, o un terreno che avevamo comprato vent'anni prima diviene zona edificabile. A volte può essere una serie di concause. Un modesto livello di successo si può attribuire al talento e alla fatica, ma le conquiste leggendarie sono sempre il risultato di una variabile statistica, vale a dire la fortuna.

Gli uomini d'affari naturali trovano la loro strada indipendentemente dalle circostanze, ma per gli altri il percorso è lungo e faticoso, e la fortuna può rendere il viaggio molto più semplice; alcuni non avrebbero mai raggiunto la meta senza la fortuna.

Il pittoresco magnate dei media inglese Felix Dennis è un uomo d'affari naturale. È convinto che la crosta terrestre sia cosparsa di miliardi di sterline, di cui molte sue di diritto; gli basta solo chinarsi a raccoglierle. Ed effettivamente, secondo la classifica degli uomini più ricchi d'Inghilterra redatta dal «Times» nel 2006, di sterline ne ha raccolte 600 milioni. Nel suo libro dal lapidario titolo *How to Get Rich* (Come diventare ricchi), Dennis sostiene che far soldi è come drogarsi. «Nessuno pensava che la ginnastica creasse dipendenza finché la scienza non ha scoperto l'endorfina secreta durante l'esercizio fisico» dice, per poi concludere: «Credetemi: fare soldi crea molta più dipendenza del jogging».

Ma attenzione: se fare soldi è come una droga, forse si può definire il successo in termini di sacrificio. Siamo disposti a sacrificare lucidità, equilibrio, oggettività? Sapremmo rinunciare a trascorrere del tempo con le persone cui teniamo? Potremmo fare a meno di attività che ci arricchiscono interiormente? Che si tratti di soldi o di droga, il risultato è il medesimo: siamo disposti a fare molte rinunce in cambio di una dose. Forse sarebbe giusto definire il successo come la capacità di rinunciare al nostro bisogno smodato di accumulare denaro, la capacità di fare a meno dell'euforia tossica che ci invade quando ci riusciamo.

Per l'uomo d'affari e l'imprenditore del tipo naturale successo significa possesso. Dennis, per esempio, preferirebbe perdere un dito piuttosto che una quota anche piccola di azioni in una delle sue società. Per me è vero il contrario: ogni volta che ho rinunciato a una parte del mio patrimonio, vedevo crescere le altre a dismisura. Quando si condivide con il fisco quel che si è guadagnato, oltre a ricavarne una profonda pace interiore, ci si accorge con grande sorpresa che il resto del patrimonio aumenta molto velocemente. Parecchi anni fa mi sono dato una regola: non avrei mai accettato o rifiutato un affare soltanto per motivi fiscali. Per quanto mi riguarda, i soldi che si possono risparmiare sulle imposte grazie a complicati escamotage non valgono le energie mentali e il senso di disagio morale che comportano.

Poco prima che, nel 1998, la Evergreen venisse privatizzata, decisi di dividere in parti uguali le quote azionarie tra me e l'amministratore delegato Ofer Neeman. Fu una decisione audace, destinata a creare un legame solidissimo tra noi e a portare la società a livelli di successo impensabili in precedenza. Per l'uomo d'affari non naturale trovare il partner giusto è la chiave di volta. Il rapporto creatosi tra Ofer e me diede modo a ognuno di sviluppare le proprie potenzialità e di prendere decisioni equilibrate. Ancora oggi, a più di dieci anni dall'inizio della nostra partnership, non abbiamo un contratto scritto: la nostra società si fonda unicamente sulla fiducia. Una buona intesa arricchisce un rapporto d'affari, così come una cattiva la guasta. Se, come me, non siete businessman naturali, vi consiglio di trovarvi un buon socio. In conclusione, non importa quante quote azionarie si danno, ma a chi le si danno.

Sono in molti a sognare il successo, ma pochi hanno la forza di rimanere svegli per tutto il tempo necessario ad affrontare il duro lavoro che esso comporta. La capacità di sognare è inversamente proporzionale al successo. Una delle fantasie più diffuse è: «Ah, se solo incontrassi...». Completate voi al posto dei puntini: Donald Trump, Bill Gates, Steven Spielberg... Il sognatore è convinto che, se solo incontrasse il proprio idolo, sarebbe in grado di far colpo su di lui e di convincerlo grazie a fascino e lungimiranza; il sogno, naturalmente, si concluderebbe con l'idolo capace di elevarlo alla ricchezza e al successo.

Negli anni ho conosciuto molti di questi abitanti del Parnaso economico. (In un cassetto da qualche parte conservo una foto di me tra Bill Gates e Sheldon Adelson.)

Avvertimento per i sognatori: se davvero riuscirete a incontrare il vostro idolo, sappiate che istintivamente cercherà il pelo nell'uovo di qualunque proposta gli farete.

In parole povere, se una persona è molto indaffarata, è più probabile che tenda a cercare motivi per rifiutare una proposta che ragioni per accettarla. Inoltre, un uomo che ha raggiunto un certo successo è più propenso a restringere il campo degli investimenti personali piuttosto che ad aumentarlo; preferisce perdere un'occasione che complicarsi ulteriormente la vita. Per molti di questi personaggi, raddoppiare o triplicare un milione di dollari investendo nella vostra impresa è una fatica che non vale la pena, figuriamoci se vale il rischio.

Raccontare il mondo degli affari vuol dire raccontare storie: le storie delle persone che lo fanno funzionare. Questa lunga raccolta di episodi è un compendio di umane debolezze. Se tutti si comportassero in modo completamente razionale, il mercato si fermerebbe del tutto, nessuno comprerebbe o venderebbe nemmeno un'azione. Per ogni venditore intelligente (ma umano) che crede di vendere alto c'è un compratore altrettanto intelligente (ma umano) che è convinto di comprare basso.

Migliaia di studi antropologici ci spiegano che ciascuno di noi soffre di intrinseche distorsioni nella percezione di questo o quel fenomeno economico, fattori che determinano il terreno d'affari specifico nel quale ci limiteremo a muoverci. Come spiegare altrimenti i fenomeni che seguono?

Rispondiamo più volentieri alle e-mail il cui mittente ha le iniziali uguali alle nostre. Se c'è bel tempo compriamo più azioni. Ci concentriamo sui problemi immediati, anche se capiamo che sarebbe nel nostro interesse ragionare sul lungo periodo. Le storie ci seducono più dei fatti. Vediamo trend economici anche dove non ci sono. Siamo geneticamente portati a temere eventi la cui probabilità è minima, ma nel comportamento quotidiano siamo ottimisti ed eccessivamente sicuri di noi stessi anche quando le probabilità sono a nostro sfavore. Per le stesse ragioni evolutive, teniamo al nostro prestigio sociale e siamo disposti di conseguenza ad affrontare rischi insensati pur di placare la nostra ansia da status. Lavoriamo notte e giorno per essere liberi nelle nostre scelte, ma soffriamo quando ci sono troppe opzioni tra cui scegliere. Siamo disposti a compiere sacrifici per diventare ricchi, ma non riusciamo ad accettare che il denaro non dia la felicità e che preoccuparsi dei beni materiali costituisca di fatto un ostacolo al suo raggiungimento. Ci ammazziamo di fatica per arrivare alla pensione tranquilli, senza capire che è più facile diventare ricchi che smettere di lavorare.

Due terzi delle nostre azioni le facciamo perché le fanno gli altri. Metà delle nostre scelte sono dettate dalla nostra struttura genetica. L'ordine di nascita all'interno della famiglia e l'ambiente sociale nel quale siamo stati educati si portano via un'altra fetta del nostro libero arbitrio.

Dobbiamo quindi cercare almeno di distinguere ciò che possiamo davvero scegliere in modo autonomo da ciò che soltanto in apparenza scegliamo liberamente.

Essere o avere: questo è il problema

> Il dizionario è l'unico posto
> in cui il successo viene prima
> del sudore.
>
> VINCE LOMBARDI
> Allenatore di football

Ricchi e felici: soltanto nelle favole

Nel giugno del 2004, James Montier, a quel tempo uno dei massimi esperti in strategie di investimento in capitali di rischio della banca tedesca Dresdner Kleinworth, sorprese clienti e colleghi. Il banchiere, noto nel mondo della finanza per la prudenza delle sue operazioni, ammise che leggere i suoi rapporti di ricerca deprimeva perfino lui; decise dunque di dedicare la relazione di quel mese a un tema completamente diverso: la felicità, quella con la effe maiuscola. Naturalmente Montier godeva di grande prestigio all'interno della banca: «Il denaro non dà la felicità» osò scrivere e, invece di fornire ai suoi lettori i consigli finanziari che questi si aspettavano, li sfidò a tirare le somme della propria vita interiore. Chi sperava in una dritta sugli investimenti più «caldi» dell'estate dovette fare i conti con la rivelazione inequivocabile che il successo monetario non porta alla felicità, e più uno tenta di accumulare denaro meno è felice. La ricerca della felicità è un'idea antica come l'uomo; eppure, nonostante il suo ruolo centrale nella cultura umana, la psicologia ha sempre preferito occuparsi degli aspetti negativi delle nostre emozioni. Gioia?

Appagamento? Felicità? Dimenticatele. Gli esperti ci dicono che dal 1887 solo un articolo di psicologia su quattordici tratta dei lati positivi della vita; tutti gli altri studiano ira, paura e depressione.

Di recente, tuttavia, stiamo assistendo a un'inversione di rotta. Le scienze del comportamento umano hanno ormai sconfinato su un territorio relativamente nuovo, la ricerca della felicità, per l'appunto, che ha già attirato alcuni degli scienziati più prestigiosi. Daniel Kahneman, premio Nobel per l'economia nel 2002, Ed Diener dell'Università dell'Illinois e Daniel Gilbert di Harvard sono solo alcuni degli studiosi che da qualche tempo in qua si occupano di individuare i concetti di fondo che potrebbero aiutarci nella nostra ricerca della felicità.

Questi esperimenti hanno preso piede da quando è stato scoperto che la felicità si può misurare. La regione del cervello che vi presiede è situata nell'emisfero sinistro, verso la fronte; chi ha subito dei traumi in quest'area tende a essere più depresso, mentre in genere coloro che conoscono una forte attività elettrica in questa zona sono più felici, perfino mentre riposano.

Per fortuna di tutti, i ricercatori sono in grado di condurre validi studi sulla felicità senza appiccicare elettrodi alla testa di nessuno. Per lo più fanno uso di questionari, che si sono rivelati assai affidabili. In genere si chiede di rispondere a certe domande con un voto da 1 a 7, e si tratta di quesiti del tipo: «Che grado di felicità ritenete di avere raggiunto rispetto a chi vi circonda?». In altri casi si chiede di valutare quanto una persona si identifichi con affermazioni quali «Se dovessi rivivere la mia vita rifarei tutto quello che ho fatto» o «Ho raggiunto la maggior parte degli obiettivi che mi ero prefisso». I test dell'umore, in cui il paziente viene sollecitato elettronicamente a descrivere il proprio stato d'animo a intervalli di qualche ora, sono un altro strumento utile.

Vi interessa scoprire quanto siete felici? Niente di più

facile. Martin Seligman, il guru della psicologia positiva, ha creato un sito web con una dozzina di test che potrete fare da soli, molti dei quali assai semplici. Andate su www.authentichappiness.com e rispondete a uno qualsiasi dei questionari: saprete subito se siete più o meno felici della media di migliaia di persone che si sono sottoposte al test prima di voi.

Le conclusioni cui arrivano questi studi non sorprendono affatto. Coloro che si reputano «felici» sono più appagati in ogni aspetto: da un punto di vista sociale, tendono più a restare sposati che a divorziare e hanno una rete di amicizie più ampia e solidale; da quello professionale, svolgono lavori creativi, sanno farsi valere, hanno polso, la qualità del loro lavoro è buona, e in ultima analisi guadagnano di più; su un piano personale, infine, sembra che le persone felici vivano più a lungo e abbiano un sistema immunitario più efficiente.

Da uno studio che analizzò i diari tenuti nel 1932 dalle novizie del Notre Dame Seminary in America emerge che le consorelle che annotavano con maggior frequenza le proprie esperienze gioiose vivevano molto più a lungo delle loro compagne di classe più restie nello scrivere. Chi vince l'Oscar vive in media quattro anni e mezzo di più di quelli che ricevono solo la nomination. Coloro che tra il 1900 e il 1950 ottennero il premio Nobel vissero in media due anni di più di chi ne fu solo candidato.

Che cosa possiamo fare, dunque, per potenziare al massimo la nostra felicità e raccoglierne i frutti? Sembra una domanda semplice, ma per capirne la risposta dobbiamo conoscere gli ingredienti fondamentali della felicità. Una volta che avremo chiaro di che cosa sia fatta, sarà più facile riuscire a tenerne sotto controllo le singole componenti.

Il primo ingrediente, quello di maggior peso, non è modificabile: si tratta dei geni. Ciascuno di noi nasce con un preciso, genetico «punto di felicità». Questa scoperta è stata confermata da uno studio del professor David Lykken dell'Università del Minnesota. Lykken ha raccolto i dati di centinaia di gemelli omozigoti nati nel Minnesota tra il 1936 e il 1955. Scoprì che, misurando il livello di felicità di uno dei due, era in grado di prevedere con precisione impressionante quello dell'altro. Poi mise a confronto questi dati con una ricerca analoga fatta su gemelli eterozigoti, e arrivò alla conclusione che il corredo genetico è responsabile per il 50 per cento della felicità di una persona. Risultò che il livello di somiglianza fra gemelli separati alla nascita e cresciuti in ambienti diversi era lo stesso di quello di due gemelli cresciuti nella stessa casa. Il numero magico è 50. Una serie impressionante di patologie è influenzata dai geni al 50 per cento: schizofrenia, bipolarismo, alcolismo e tendenza a delinquere.

È estremamente difficile opporsi alle nostre tendenze genetiche. Anche se i colpi di fortuna o di sfortuna incidono sulla nostra felicità, l'effetto è solo momentaneo. In breve tempo torniamo al nostro punto di felicità predestinato. Nel 1978 fu condotto un esperimento che diverrà celeberrimo: decisero di monitorare un gruppo di vincitori di varie lotterie. Dopo un anno, nessuno di loro era più felice del gruppo di controllo composto da gente che non aveva vinto nulla. Allo stesso modo, persone che avevano subito gravi incidenti d'auto tornavano al loro normale grado di felicità in appena un anno. In altre parole, chi nella sua ricerca della felicità confida nei geni dovrebbe cercarsi i genitori giusti.

Il secondo ingrediente determinante sono le circostanze della nostra vita. L'età, il sesso, il luogo, la situazione demografica: tutti insieme creano un contesto. Il ruolo dell'età, per esempio, è ben noto a chi lavora con i capitali di rischio; questo fattore viene chiamato «curva J». I giovani, chi più chi meno, sono relativamente felici. A mano a mano che l'età avanza, il grado di felicità diminuisce, finché, tra i trenta e i quarant'anni, si tocca il fondo, per poi risalire gradualmente. Il picco della felicità si raggiunge dopo i sessant'anni.

Evidentemente, chi è più anziano ha raggiunto i traguardi desiderati o è sceso a patti con i propri limiti e ha aggiustato il tiro delle proprie aspettative.

Sembra che né l'intelligenza né l'istruzione siano in rapporto con la felicità. Per dirla con Flaubert, «stupidità, egoismo e buona salute sono i tre presupposti della felicità, ma se vi manca la prima tutto è perduto».

Altri elementi, più vaghi, sono la famiglia, la sicurezza di avere un lavoro, la fede, un buon reddito e la salute. Risulta da numerosi studi che chi è sposato, sano, con una buona sicurezza economica, e in molti casi membro di una comunità di credenti, ha in media livelli più alti di felicità. Il fattore più significativo è la situazione sociale e familiare. Una diminuzione dello stipendio, finché non ci impedisce di ottemperare ai nostri bisogni fondamentali, gioca un ruolo assai secondario.

Tuttavia, la scoperta più importante a proposito dell'influenza dei fattori esterni sulla nostra felicità è che non conta questa o quella componente singola, ma l'insieme. A quanto pare, il nostro stato d'animo dipende soltanto per il 10 per cento da circostanze esterne.

A una prima occhiata, si tratta di una scoperta sconcertante. In una società capitalistica, in cui gli aspetti materiali del vivere sono così importanti, potevamo aspettarci una correlazione molto più forte. Tuttavia, esistono numerose forze per controbilanciare gli effetti delle circostanze esterne. Una di queste è il fenomeno che prende il nome di «adattamento edonistico», vale a dire la nostra stupefacente capacità di abituarci a nuove situazioni. Qualunque mano di carte la fortuna ci distribuisca, noi l'accettiamo con estrema facilità. A parte la perdita di una persona amata o del lavoro, entrambi fattori in grado di pesare sul nostro stato d'animo per un tempo più lungo, i cambiamenti vengono accettati in modo relativamente veloce. Ogni avvenimento della nostra vita inciderà in una fase iniziale sul nostro grado di soddisfazione, ma è nostra prerogativa adattarci in breve tempo. Contentezza o delusione, successo o fallimento sono determinati dalla nostra esperienza più recente. Per dirla con il linguaggio della fisica, il senso di appagamento ha un'emivita breve.

L'adattamento edonistico è un meccanismo di enorme aiuto, che ci permette di sopportare le avversità, una sorta di vaccino psicologico, necessario all'evoluzione della specie: il suo scopo è quello di salvaguardare la nostra emotività nei momenti difficili, di difenderci dall'angoscia e dall'infelicità. In questo modo non ci allontaniamo troppo dal nostro punto di felicità genetico. Ma c'è un rovescio della medaglia. Lo stesso meccanismo che ci preserva dalla disperazione ci toglie la possibilità di essere troppo felici. Proprio nell'istante in cui ci è dato provare grande gioia, ecco che si mette in moto l'adattamento edonistico che ci riporta al nostro grado di felicità abituale.

E i soldi? Tendiamo a dare per scontato che il rapporto tra denaro e felicità sia il più forte di tutti, eppure neanche la ricchezza resiste all'adattamento edonistico. Un aumento di stipendio, per esempio, ci procura felicità, ma per poco tempo: il nostro nuovo salario in breve diventa la norma, il nuovo standard cui fare riferimento in futuro. Da nessuna parte questo meccanismo è chiaro come negli Stati Uniti, paese che più di qualsiasi altro ha elevato il consumismo quasi a religione. Pur avendo più che raddoppiato in trent'anni il loro potere d'acquisto, gli americani non hanno, ahimè, affinato in proporzione la capacità di godersi la vita. È triste notare che il tasso di criminalità, divorzi e alcolismo sono al contrario aumentati in ragione del reddito pro capite.

Ebbi modo di incontrare per la prima volta il professor Daniel Gilbert a una conferenza del MIT nel 2003. Sul palco sedevano un gruppo di scienziati fra i più competenti d'America e alcuni monaci buddhisti capitanati dal Dalai Lama, i cui insegnamenti sono racchiusi nel libro *L'arte del-*

la felicità. Lo psicologo Gilbert è noto soprattutto per il suo bestseller *Stumbling on Happiness* («Inciampare nella felicità»), del 2006. Circa un anno più tardi, in occasione di una conversazione telefonica, lo studioso accettò di condividere un poco della sua saggezza con me.

«I soldi sono importanti,» mi disse «ma solo nella misura in cui ci danno modo di soddisfare i nostri bisogni fondamentali. Quanto all'incidenza che hanno sulla felicità, la differenza tra un reddito zero e uno di 40.000 dollari l'anno è immensa, mentre tra dieci milioni e cinquanta cambia poco o niente.» Una parte della ricerca di Gilbert verte su questo punto.

L'uomo, sostiene lo scienziato, è l'unico essere vivente in grado di viaggiare con il pensiero nel tempo e di immaginare che cosa proverebbe in situazioni diverse. Quando pensiamo alla nostra felicità lo facciamo per immagini create dal nostro cervello: il momento in cui metteremo piede nella nostra macchina nuova fiammante tanto desiderata, quello in cui ci diletteremo sulle sabbie dorate di un'isola dei Caraibi, o stringeremo la mano del nostro capo che ci offre un aumento di stipendio. In questi pronostici, la precisione è tutto; senza di essa, il divario tra le nostre previsioni e il mondo reale può avere un profondo effetto negativo sulla nostra felicità.

Tuttavia, uno studio rivoluzionario condotto da Gilbert con il professor Tim Wilson dell'Università della Virginia dimostra che le nostre previsioni sono tutt'altro che precise. In particolar modo, questo studio indica che non abbiamo grandi capacità di immaginare le nostre emozioni future: il bello non è mai bello come credevamo, e il brutto non così brutto. Ci riteniamo più vulnerabili di quello che siamo e al contempo supponiamo che ci basterebbe poco per essere felici. Crediamo che un nuovo lavoro, un nuovo rapporto potrebbero cambiare la nostra vita per sempre. Questi mutamenti positivi, invece, migliorano il nostro umore per un tempo relativamente breve. D'altra parte, siamo molto più resistenti di quel che crediamo. La nostra capacità di superare situazioni traumatiche è quasi sempre superiore al previsto.

Questo fenomeno, chiamato *impact bias* («distorsione della capacità di previsione dell'impatto»), spiega come mai è tanto difficile essere felici. Le nostre aspettative esagerate ci impediscono di godere delle cose buone presenti. Nondimeno, Gilbert riconosce che questa disparità ha il suo scopo positivo: se un imprenditore fosse in grado di prevedere i propri guadagni futuri e fosse meno ottimista, non si azzarderebbe mai a dare inizio a una nuova attività.

Come può dunque il denaro prevalere sulla natura umana? Non può. Se è vero che non dà la felicità, sostiene Gilbert, resta innegabile che un uso saggio del denaro può essere d'aiuto. «Se il traguardo delle persone è realmente la felicità,» dice «possiamo affermare che la maggior parte della gente usa i propri soldi in modo sbagliato.»

E quale sarebbe il modo giusto? Gilbert, che dirige il Centro per la Felicità di Harvard, suggerisce tre regole generali:

- Usate i soldi in piccole quantità, per cose che migliorano la qualità della vostra vita quotidiana. Evitate le grandi spese; possono darvi un appagamento intenso ma di breve durata: l'adattamento edonistico è in agguato.
- Investite in esperienze piuttosto che in beni materiali. Meglio comprare un paio di biglietti per il teatro che un vestito; meglio una vacanza che un orologio di lusso. Le esperienze vissute sono meno soggette dei beni materiali all'adattamento edonistico, e hanno un altro vantaggio: il ricordo tende ad abbellirle. In larga misura la nostra identità è fatta di esperienze.
- Usate il vostro denaro per lavorare meno, non per comprare di più. Ritagliatevi il tempo per i rapporti sociali. Più amici abbiamo più è probabile che saremo felici.

Recita un vecchio adagio che «il consumismo dà la felicità: chi non è felice non ha consumato abbastanza». Secondo Gilbert, il mito che il denaro procuri la felicità, archetipo della civiltà occidentale, è nella migliore delle ipotesi infondato e nella peggiore un esempio di frode culturale ed economica su vasta scala. Il messaggio che questo studioso vuole far pervenire a pubblicitari e uomini del marketing è chiaro: la prossima volta che dovete promuovere un prodotto, promettete quel che vi pare ma non la felicità.

Per la disperazione di Gilbert e dei suoi colleghi, un numero sempre crescente di giovani ritiene il denaro il principale obiettivo della vita (vedi grafico n. 1). Uno studio – iniziato negli anni Sessanta ma ancora in svolgimento – condotto dall'Università della California per monitorare i valori in cui credono gli studenti ammessi ai corsi ha finora analizzato le risposte di più di 200.000 giovani. All'inizio degli anni Settanta, l'80 per cento degli intervistati indicava

1. Priorità che cambiano: il denaro conta

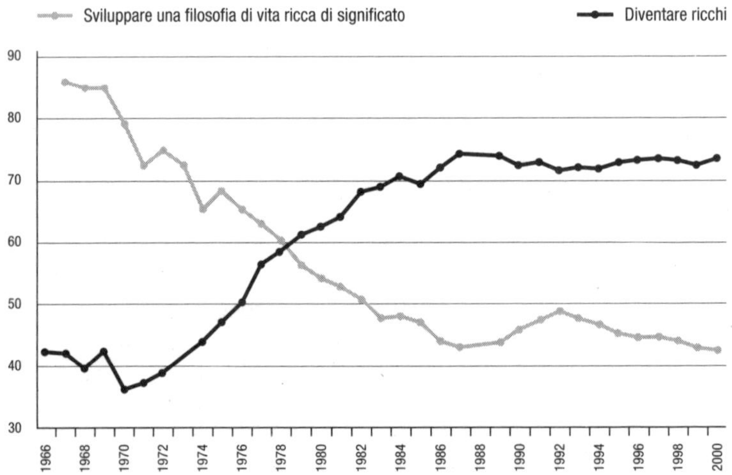

Percentuale di matricole che considerano quegli obiettivi «essenziali» o «molto importanti»

nello «sviluppo di una filosofia di vita ricca di significato» il proprio traguardo più ambizioso. Solo il 40 per cento riteneva che il denaro fosse una priorità. Ebbene, oggi queste cifre si sono invertite.

Si impone dunque una domanda: c'è un rapporto tra i valori che abbiamo e la nostra capacità di essere felici? Nel 2000, Ed Diener e Shigehiro Oishi studiarono le opinioni di 7167 laureandi provenienti da 41 Stati americani. Obiettivo della ricerca era scoprire se le priorità esistenziali di una persona incidono sul suo livello di felicità. I risultati di questo studio, intitolato *Love or Money?* («Amore o denaro?»), offrono un po' di sollievo a quelli tra noi che si preoccupano per l'eccessiva importanza attribuita al denaro nella nostra cultura. Chi attribuiva grande importanza al denaro raggiungeva un grado di felicità più basso, mentre quelli più inclini a dare la precedenza all'amore risultavano più appagati (grafico n. 2).

2. Amore o denaro?

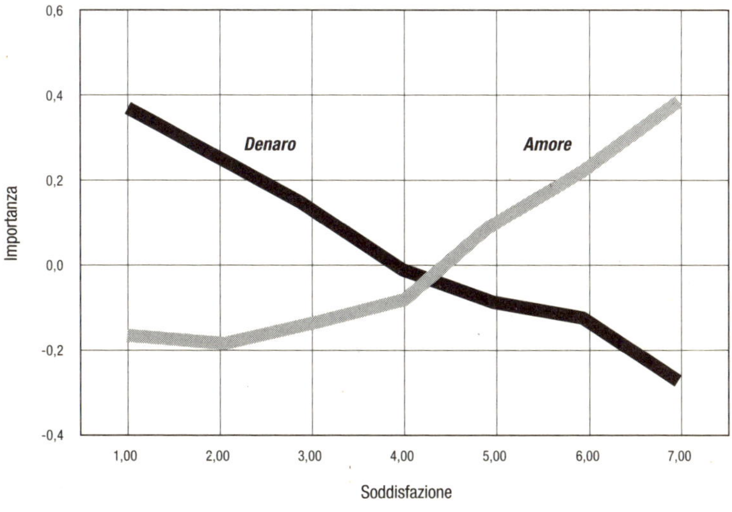

Vari studi analoghi confermano che chi mira a fama e ricchezza è mediamente più insoddisfatto – perfino nel caso che i propri desideri siano stati esauditi – di chi è interessato ai rapporti umani e alla crescita personale. Nel caso questo non bastasse, gli studiosi Cohen e Cohen, in una ricerca condotta nel 1995, scoprirono che chi è maggiormente attaccato ai beni materiali ha più probabilità di soffrire di una serie di disturbi mentali: paranoia (43 per cento in più), narcisismo (40 per cento in più), tossicodipendenza (34 per cento in più) e patologie della comunicazione (53 per cento in più).

Alcune di queste sorprendenti scoperte sulla felicità personale sono oggetto di studio da parte degli economisti che si occupano del benessere sociale. Su un piano nazionale, il nesso tra ricchezza e felicità è innegabile: per amor di giustizia dobbiamo riconoscere che i cittadini dei paesi ricchi sono più felici di quelli dei paesi poveri (vedi grafico n. 3). Tuttavia, non si può non tenere conto di alcune variabili. Per prima cosa, i paesi ricchi in genere sono democrazie: i diritti dell'individuo sono rispettati, esistono un servizio sanitario pubblico e altri servizi che contribuiscono al benessere generale e tolgono importanza al denaro.

Un'analisi anche sommaria del grafico ci fa rilevare che, non appena il reddito medio supera i 25.000 dollari l'anno, l'equazione soldi uguale felicità perde di senso. Su scala nazionale, «il paradosso della felicità», come lo chiama Richard Layard, ci dimostra che le società tese a produrre redditi più alti sono ben poco, o nient'affatto, più felici di prima. Contemporaneamente, nel Terzo Mondo, dove in effetti un reddito più alto procura una maggiore felicità, il reddito medio è bassissimo, mentre nel Primo Mondo da cinquant'anni a questa parte depressione, alcolismo e delinquenza sono notevolmente cresciuti.

Dal canto loro, i politici fanno un uso improprio del concetto di PIL che fin dalla sua formulazione, avvenuta negli anni Trenta, funge da unità di misura per calcolare la disoccupazione e i cicli economici. L'idea che il PIL sia lo specchio della

3. Benessere soggettivo in rapporto al livello di sviluppo economico

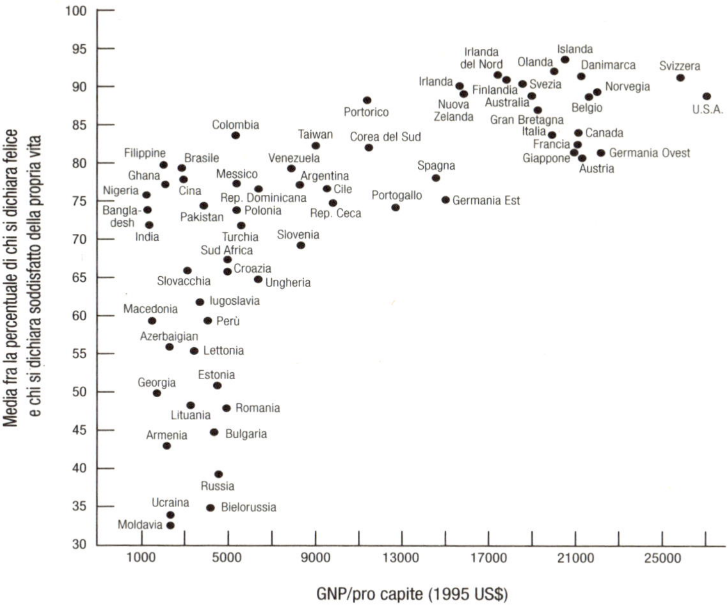

felicità di un paese si è rivelata priva di fondamento, anzi: i dati raccolti da una commissione istituita dal Parlamento britannico hanno mostrato che, sebbene il PIL del paese sia notevolmente cresciuto nel corso degli ultimi decenni, la felicità dei suoi cittadini non è cresciuta di pari passo. E stranamente in paesi poveri quali il Messico, la Nigeria, il Venezuela e la Colombia le persone sono felici a dispetto del loro PIL.

I lettori del «Wall Street Journal» non ne saranno sorpresi. Nell'agosto del 2004 il loro quotidiano fece una scoperta analoga: un sondaggio chiedeva agli intervistati di dare alla propria felicità un voto da 1 a 7. Si apprese che gli abitanti di Calcutta si attestavano sul 4,6 della scala, solo 1,2 punti al di sotto dei primi nomi presenti nella lista dei 400 uomini più ricchi d'America.

Di certo non ne resterà sorpreso il re del Bhutan, i cui sudditi sono da sempre le persone più felici del mondo. Molti anni fa Gigama Singeya Wangchuk, monarca di questo piccolo regno appollaiato in cima all'Himalaya, abolì del tutto le misurazioni in base al PIL, sostituendole con il «tasso di felicità nazionale»; inoltre mise al bando la televisione. (Nel 1999, non appena questo divieto fu revocato, il Bhutan assistette a un aumento della criminalità e della tossicodipendenza.) Gli scienziati dei paesi occidentali ne stanno seguendo le orme. Il professor Kahneman e altri studiosi si stanno adoperando per mettere a punto un tasso di felicità nazionale per gli Stati Uniti, in modo da comprendere meglio cosa intendano gli americani per felicità, e quanto il governo sia in grado di aiutarli in questo senso.

Ma perché il tasso di felicità nazionale non aumenta con il reddito? Perché quando una persona diventa più ricca degli altri è più contenta, ma quando l'intera comunità raggiunge un maggior grado di ricchezza la felicità non aumenta in proporzione, o almeno non in Occidente? Lo psicologo Abraham Maslow ha contribuito a rispondere a questa domanda con la «piramide di Maslow», che traccia una gerarchia dei bisogni. Secondo la sua concezione esistono cinque gradini: dai bisogni più bassi (cibo e sesso) si passa a quello della sicurezza personale fino a quello che riguarda la realizzazione di sé. I cittadini dei paesi occidentali, che danno per scontata la propria sicurezza, tendono costantemente alla conquista del gradino successivo della scala. E così, indipendentemente dal tipo di bisogni, il grado di insoddisfazione resta lo stesso.

Gli scienziati comportamentisti hanno fornito l'altra metà della risposta, provando in modo inoppugnabile che la ricchezza è un concetto considerato dai più in senso relativo, dove il confronto con altri gioca un ruolo fondamentale. Nel 1998 Solnick e Hemenway condussero in proposito una ricerca presso l'Università di Harvard: risultò che gli studenti intervistati avrebbero preferito guadagnare 50.000 dollari l'anno in un contesto in cui i loro amici ne guadagnavano 25.000 piuttosto che guadagnarne 100.000 mentre i loro amici ne guadagnavano il doppio. Si può dunque affermare che il profitto di una persona è la perdita emotiva di un'altra. Nella realtà, ciascuno di noi si mette a confronto con un gruppo di non più di 150 persone: compagni di scuola e di università, una ristretta cerchia di conoscenti, colleghi, parenti. A quanto pare, 150 è un numero magico: la dimensione esatta delle tribù dei nostri antenati che vivevano nelle savane dell'Africa. Ed è anche il numero massimo di persone con cui si può interagire su un piano intellettuale ed emotivo. E il valore del confronto è innegabile, come è stato dimostrato con un esperimento. Prendiamo una donna qualsiasi: se il marito della sorella guadagna di più del suo, le probabilità che lei si cerchi un lavoro sono assai più alte.

Nemmeno gli atleti olimpici sono rimasti immuni al raggio indagatore dello scienziato. Vent'anni dopo un'Olimpiade, chi aveva vinto il bronzo era più felice di chi aveva ottenuto l'argento, perché non sentiva tanto il confronto con le medaglie d'oro, ma era appagato dalla superiorità dimostrata nei confronti degli atleti che non avevano vinto nulla.

Uno studio che metteva a confronto i tedeschi dell'Est con quelli dell'Ovest immediatamente dopo l'unificazione dei due paesi rilevava che il grado di felicità dei cittadini della zona ex comunista era molto aumentato. A distanza di qualche anno, tuttavia, cominciò a diminuire, fino a essere più basso di quello che avevano poco prima dell'unificazione. Il motivo è semplice: alla caduta del Muro i tedeschi dell'Est si confrontavano con gli altri paesi comunisti e si sentivano superiori, ma di lì a poco cominciarono a paragonarsi con i tedeschi dell'Ovest, il che procurava loro un senso d'inferiorità. Non sorprende che nei paesi più poveri del grafico n. 3, che risultano avere un alto livello di felicità, si può riscontrare una minor disuguaglianza di reddito.

Bertrand Russell, nella sua *Conquista della felicità*, spiega il fenomeno con chiarezza: «I mendicanti non sono invidiosi dei milionari. Sono invidiosi di altri mendicanti che stanno appena meglio di loro».

Si tratta di una considerazione di importanza capitale. La crescita economica, ritornello ossessivo di quasi tutti i politici occidentali, è una discriminante basilare per la classificazione di un paese nella gerarchia internazionale. Tuttavia, se il rapporto tra PIL e felicità è così debole, questa classificazione finisce per non significare più niente. Inoltre, quasi tutti i paesi occidentali operano su basi capitalistiche, e la corsa alla ricchezza e al prestigio, endemica al libero mercato, è un gioco a somma zero: il numero di persone che possono godere di una posizione chiave in un determinato campo è limitato, e all'aumento di stipendio (o alla promozione) dell'uno deve necessariamente corrispondere l'abbassamento di stipendio (o l'arretramento) dell'altro.

È importante tenere a mente che i ricchi, stando in cima alla scala sociale, hanno a disposizione più individui da guardare dall'alto in basso; chi è povero, invece, può solo guardare verso l'alto. Proprio a causa di questi confronti, chi ha già raggiunto la ricchezza tende a sentirsi più felice, mentre chi sale i gradini della scala sociale e ha a che fare con molte persone più ricche di lui si sente frustrato e triste.

In condizioni simili, cosa può fare la classe politica per aiutare i propri cittadini ad appagare il loro bisogno fondamentale, la felicità?

Tradizionalmente, i governi perseguono le proprie vie contorte. Aumentando le tasse sul reddito o quelle di successione, rendono più felici i ceti meno abbienti (la maggioranza dell'elettorato). Il cittadino medio, dunque, si sente privilegiato rispetto all'élite.

L'altro approccio, più efficace, consiste nel mettere a fuoco il paradosso che sta alla base del mercato globale, e di cui la nostra cultura non sembra capacitarsi, vale a dire che a lungo andare il possesso di un gran numero di oggetti e beni non rende felici. Noi, invece, ci intestardiamo che tutti questi beni, oggetti e servizi inutili ci renderanno più appagati. Per certi versi, si potrebbe leggere l'intero meccanismo dell'economia alla luce di questo paradosso.

Il consumismo come valore è nato per riempire un vuoto; ha iniziato a permeare la nostra cultura nel momento in cui la fede e la capacità di aver fiducia nel prossimo sono venute meno. Negli ultimi cinquant'anni in Inghilterra e negli Stati Uniti il numero di credenti è diminuito del 50 per cento. Il concetto di responsabilità collettiva si è praticamente estinto. Il numero di cittadini che in Occidente crede ancora nell'intervento di Dio nella loro vita si è ristretto quasi altrettanto. Una volta perduta la fede, e respinto il concetto di punizione divina, non ci sono stati più ostacoli al consumismo. Ci ritroviamo imprigionati, almeno psicologicamente, in una rete gigantesca di convenzioni commerciali e sociali che nulla hanno a che vedere con la felicità.

Nessun governo occidentale finora è mai riuscito a tener testa al tronfio potere del marketing che promuove il consumismo attraverso i vari business internazionali. Per le stesse ragioni, nessuno è riuscito a contenere lo spazio destinato alla pubblicità sui giornali, cosa che non solo renderebbe più felici i lettori, ma aiuterebbe a consumare meno carta e a non sprecare le risorse del pianeta. Dal momento che il mondo degli affari è tanto più ricco e potente dei governi, le esigenze delle multinazionali hanno la meglio sulla felicità dell'individuo.

Finalmente la felicità

Se il nostro corredo genetico è immutabile, e ciò che riguarda le circostanze esterne è soggetto al fenomeno dell'adattamento, ci resta qualche via per essere più felici?

Sì, usare il terzo ingrediente della torta della felicità di Montier, quello responsabile del 40 per cento del nostro potenziale di gioia: la scoperta di quali attività ci rendono felici. La buona notizia è che tutte dipendono da noi.

Per stendere questa lista, ho seguito, con una certa libertà, le orme dello psicologo David Myers dell'Hope College. Ripropongo a grandi linee le raccomandazioni da lui impartite nel libro *The Pursuit of Happiness* («La ricerca della felicità»), aggiungendone qualcuna mia. Sono questi i criteri con cui l'elenco è stato redatto.

Nessuna delle attività raccomandate richiede uso di denaro. Il sonno, ci insegnano gli scienziati, è più importante dei soldi. Inoltre, come abbiamo già visto, l'opinione che denaro e felicità siano un tutt'uno è non solo falsa, ma controproducente.

Bene, ora cercate di richiamare alla mente l'esperienza più felice di tutta la settimana scorsa. Di che cosa si trattava? Avete trascorso una cena piacevole con gli amici? Fatto l'amore in modo particolarmente appagante? Visto un bello spettacolo teatrale o un film interessante? Letto un libro fantastico? Nulla di tutto questo c'entra con le oscillazioni di borsa o con l'aumento del prezzo del petrolio.

Ecco una versione abbreviata della guida alla felicità:

- Riconoscete che il denaro non fa la felicità. La gente si adatta ai cambiamenti della vita; la ricchezza, né più né meno di una menomazione fisica, rientra in questa categoria. Mentre lo stato di indigenza porta sicuramente all'infelicità, non è detto che la ricchezza garantisca una vita felice.
- Fate attività fisica in modo regolare. L'esercizio aiuta a curare stati di depressione di modesta entità; fornisce energia al corpo e alla mente. Durante il movimento il corpo rilascia le endorfine, antidolorifici naturali, chimicamente imparentati con la morfina. L'umore di molti atleti migliora dopo venti minuti di allenamento.
- Fate molto sesso, meglio se con qualcuno che amate. C'è bisogno di spiegazioni? Secondo uno studio condotto in Texas nel 2000 su un campione di 900 donne, almeno cin-

que prestigiosi scienziati (tra cui Daniel Kahneman) hanno dimostrato che il sesso è il fattore più importante per raggiungere la felicità. (Detto fra noi, le riunioni con il capo e i viaggi dei pendolari stanno in fondo alla lista.)

- Investite energia nei rapporti personali. Poche cose, o forse nessuna, incidono sull'esistenza felice di una persona quanto la possibilità di condividere con un amico gioie e dolori. Anzi, il sesso, l'amicizia, e per certi aspetti anche il matrimonio, non sono soggetti all'adattamento edonistico. Ci abituiamo assai più alle cose che si possono acquistare con il denaro che a quelle che, come i rapporti personali, non sono in vendita.
- Concedete al vostro corpo il riposo di cui ha bisogno. Le persone felici sono più attive, ma anche più attente a dormire il necessario. La mancanza di ore di sonno porta a un grande affaticamento, alla perdita di concentrazione e alla depressione.
- Siate padroni del vostro tempo. Le persone felici sanno di poter controllare il proprio tempo. Rivedete i vostri obiettivi di giorno in giorno. Quando si raggiunge un traguardo si prova piacere; tuttavia, è sempre utile ricordare che, mentre si ha la tendenza a sopravvalutare la mole di lavoro che si riuscirà a compiere in un giorno, si tende a sottovalutare quello che si può svolgere in un anno.
- Cercate un lavoro che vi permetta di mettere a frutto le vostre capacità. Le persone più felici sono quelle che riescono a entrare in uno stato d'animo in cui tutto «fluisce»: sono attratte da attività che rappresentano una sfida ma senza opprimere. Esperienze di «lusso» come una crociera permettono il raggiungimento di questo stato di «fluidità» molto più di rado del giardinaggio o di una serata tra amici.
- Spegnete la televisione. Studi recenti rivelano che, a mano a mano che la nostra aspettativa di vita cresce, finiamo per trascorrere più tempo davanti alla televisione che in ufficio. Il problema della TV è che possiamo sì scegliere il

canale, ma non ciò che quel canale ci mostra (perdita di controllo). I personaggi televisivi sono più ricchi e più belli di noi, e il confronto che ne consegue ci lascia frustrati; inoltre, di solito tendiamo a non condividere questi momenti con amici o familiari, i quali potrebbero contribuire alla nostra felicità in modo tanto più significativo.

- Riscoprite la gratitudine. Le persone che riescono ad apprezzare ciò che hanno (salute, istruzione, amici, famiglia, libertà, una percezione sensoriale, un luogo dove abitare) raggiungono un più alto grado di felicità.
- Uscite dal vostro guscio e aiutate gli altri. Se è vero che la felicità rafforza il nostro desiderio di fare del bene, l'altruismo rende più felici. Trovate una causa che vi appassioni: la vostra vita si arricchirà di significato.

Non inseguite la felicità in astratto. Assaporate l'istante. Dal momento che non sappiamo che cosa ci renderà davvero felici, è garantito che la ricerca ossessiva della felicità è destinata a fallire. Inoltre, chi vede il mondo in questa prospettiva vede tutte le proprie attività come un mezzo rivolto a un fine, e non le apprezza per quello che sono.

E ricordatevi sempre: il successo è raggiungere ciò che si desidera; la felicità è desiderare ciò che si ha.

Il cigno nero

Un cigno nero (*Cygnus atratus*) di medie dimensioni è lungo un metro e venti (la femmina è un po' più piccola del maschio). Il *Cygnus atratus* è l'unico cigno al mondo completamente nero. Comune in Australia, è considerato una delle varietà più socievoli della specie. Il primo ad avvistare un cigno nero fu il capitano olandese Willem de Vlamingh nel 1697.

Questo uccello può vantare un posto di tutto rispetto negli annali della filosofia. Il pensatore scozzese David Hume (1711-1776) era particolarmente infastidito dalla tendenza degli scienziati di quel periodo a preferire il laboratorio alla natura quale sede principale del proprio lavoro di ricerca. Hume sosteneva che non importava quanti studi sui cigni bianchi esistessero a sostegno dell'affermazione che «tutti i cigni sono bianchi»: era sufficiente l'incontro fortuito con un solo cigno nero a confutare del tutto la teoria.

Anche Karl Popper (1902-1994), uno dei più grandi filosofi del ventesimo secolo, si espresse sull'argomento: secondo i suoi insegnamenti, non dovremmo preoccuparci tanto della nostra capacità di provare l'esattezza o meno delle nostre teorie, e nemmeno concentrarci sulla questione se esse possano o no venire refutate. Per Popper le teorie scientifiche si possono classificare in due tipologie: quelle che sono state dimostrate false e quelle che non lo sono state, ancora. Seguendo questo approccio, uno zoologo che volesse verificare se tutti i cigni del mondo sono bianchi dovrebbe concentrare le proprie energie non sull'osservazione di un numero sempre maggiore di cigni bianchi, ma sulla ricerca di un solo cigno nero.

Ecco perché l'espressione «cigno nero» ha assunto il significato di «evento raro, imprevedibile, di grande impatto, che va al di là delle circostanze che di norma ci potremmo attendere». Paradossalmente, proprio la poca probabilità facilita l'accadere dell'evento. Se l'attacco alle Torri Gemelle fosse stato prevedibile forse non sarebbe avvenuto.

Inevitabile conseguenza del cigno nero è l'*hindsight bias*, vale a dire la tendenza dell'uomo a sostenere, sulla base di notizie raccolte a posteriori, la prevedibilità di un evento in realtà assolutamente inaspettato. Per questo motivo è difficile assimilare le lezioni insite in accadimenti di questo tipo: guidiamo con gli occhi fissi sullo specchietto retrovisore, sebbene convinti di guardare la strada che ci sta davanti.

A complicare ulteriormente questo concetto è il fatto che i cigni neri non si ripetono, così è più difficile trarne insegnamento. Con pochi cigni neri si possono spiegare alcuni degli eventi più significativi della storia umana, quali l'ascesa di un dittatore, la nascita di una religione o di un'idea, una guerra, un fatto importante nel campo dell'economia. Nessuno poteva prevedere l'esplodere dell'inflazione nella Germania fra le due guerre e i suoi effetti devastanti. Nel 1998 un unico cigno nero, spuntato dai laghi ghiacciati della Russia, provocò quasi il collasso del fondo speculativo della Long Term Credit Management. Questo fondo, gestito da due premi Nobel per l'economia, perse 4,6 miliardi di dollari, obbligando la Federal Reserve degli Stati Uniti a intervenire sui mercati finanziari allo scopo di evitare una crisi di dimensioni planetarie.

La persona che più di ogni altra è responsabile per la migrazione del cigno nero dalle torri d'avorio della filosofia all'arena dell'economia è Nassim Nicholas Taleb, già broker presso la borsa di Chicago, nonché matematico, filosofo e autore di diversi libri, uno dei quali, *Giocati dal caso: il ruolo della fortuna nella finanza e nella vita*, è un'affascinante studio di quanto poco gli esseri umani comprendano il ruolo della fortuna nella loro vita. Taleb dimostra addirittura che l'effetto del cigno nero può coinvolgere anche altre creature, non solo gli umani. Se, per citare un esempio classico, un numero infinito di scimmie venisse messo davanti a una tastiera di computer per un tempo infinito, una di esse riuscirebbe a produrre l'*Amleto* di Shakespeare. Il vero interrogativo si pone quando quella stessa scimmia si presenta in ufficio da voi e cerca di persuadervi a rischiare tutto il patrimonio della vostra azienda sulla possibilità che al prossimo tentativo le riesca di comporre la Bibbia.

La morale, per Taleb, è che un successo modesto può provenire dal talento e da un duro lavoro, mentre un successo mitico è sempre frutto di una varianza statistica che si traduce in un vento favorevole sui mercati: in altre parole, in fortuna.

Con questo Taleb non vuole dire che a Warren Buffett manchi il talento da investitore. Cerca solo di farci capire che su un numero abbastanza grande di operatori che investono a caso, quasi inevitabilmente qualcuno avrà lo stesso successo di Buffett grazie alla fortuna, e solo a quella.

Alla fine degli anni Novanta cercai con tutte le mie forze di non perdere terreno, aggrappandomi disperatamente alla vecchia economia per non farmi trascinare lontano dal vento che mi soffiava in poppa grazie alla bolla economica. Mi resi conto in quelle circostanze che la prova del fuoco di chi ha fortuna è la capacità di difendere dall'arrivo del cigno nero il proprio successo, magari ottenuto per caso. Assicurazioni, diversificazione degli investimenti, ordini al broker di vendere un titolo quando raggiunge un determinato prezzo in modo da limitare le perdite sono tutti mezzi idonei per cautelarsi.

L'altra prova del fuoco riguarda il livello di rischio che caratterizza le decisioni economiche prese. In una cultura in cui la prestazione è tutto, e il successo acceca, il livello di rischio non è un fattore da prendere in considerazione. C'è forse qualcuno che si prende la briga di valutare i motivi di un insuccesso, vale a dire di un rischio che è divenuto realtà?

Se, come Taleb suggerisce, un miliardario eccentrico dovesse offrirvi 10 milioni di dollari per giocare alla roulette russa, che significato avrebbe il vostro successo quando l'alternativa è un necrologio particolarmente bislacco sul quotidiano del giorno dopo? Tuttavia, è importante notare che, anche se non stiamo giocando alla roulette russa, la fortuna ha un ruolo decisivo nel successo di ciascuno di noi.

Nelle classifiche dei cittadini più ricchi del mondo si trovano parecchie persone arrivate in cima alla scala in virtù del proprio talento e di un duro lavoro. Ma osservando la lista con più attenzione, sareste capaci di indovinare chi è stato a giocare alla roulette e a vincere con la scimmia che ha scritto l'*Amleto*? Il cigno nero chiede il permesso di caricare il prossimo proiettile.

Il 23 marzo 1912 Robert Falcon Scott scriveva le sue ultime parole:

> Sembra un peccato, ma non credo di poter scrivere più… Se fossimo sopravvissuti avrei potuto raccontare, a proposito degli sforzi compiuti dai miei compagni, del loro stoicismo e del loro eroismo, storie tali da infiammare i cuori di ogni inglese. Dovranno raccontarle queste annotazioni in brutta copia accanto ai nostri corpi…

Nell'estate del 1911, il capitano Scott, ufficiale della Marina inglese ed esperto esploratore della regione antartica, fu alla testa della spedizione britannica nota con il nome di «Corsa al Polo Sud». Partì per la terribile traversata dell'Antartide munito di motoslitte, pony per il trasporto di vettovaglie e un'enorme sicurezza in se stesso, che rimase inalterata anche quando, giunto infine a destinazione, vide sventolare la bandiera norvegese, piantata nella neve da Roald Amundsen un mese prima.

Con il cuore infranto, Scott si rimise in viaggio per tornare al punto di partenza, con un clima particolarmente infame. Le sue ultime parole furono scritte ad appena venti chilometri dal luogo in cui egli stesso, all'andata, aveva lasciato vettovaglie di scorta. Se lo avesse raggiunto, avrebbe potuto raccontare la sua storia di persona. Il suo cadavere e quello dei compagni, congelati nei sacchi a pelo, furono rinvenuti da una spedizione di soccorso otto mesi più tardi.

Udita la terribile notizia, l'Inghilterra tutta cadde in un profondo cordoglio. Scott fu dichiarato eroe nazionale, gli vennero intitolate scuole; la sua famiglia, in occasione di una cerimonia assai toccante, condotta secondo la migliore tradizione britannica, si conquistò un posto nel cuore di ogni inglese.

Qualcuno cominciò a porsi le prime domande solo cinquant'anni più tardi: i pony, che sprofondarono nella neve altissima fin dall'inizio della spedizione, erano la risposta giusta ai cani da slitta di Amundsen? Perché Scott si portò dietro più di trenta chili di campioni di minerali che impacciavano i movimenti della squadra? Il numero dei membri della spedizione era quello idoneo? Si trattò davvero solo di sfortuna?

Sir Ranulph Fiennes, biografo di Scott, ed egli stesso esploratore polare, offre a tal proposito uno spunto di discussione interessante: Fiennes ritiene che all'inizio del ventesimo secolo, quando l'Inghilterra era ancora un impero, e una spedizione a scopo scientifico rientrava nello spirito di identità nazionale, Scott fu giudicato in base a criteri completamente diversi da quelli degli anni successivi. Dunque, il tempo, inesorabile, ha dimostrato l'inutilità del sacrificio di Scott e dei suoi compagni, la cui impresa ora ci appare pateticamente descritta nei diari ritrovati sotto la neve.

Il successo, sostiene Fiennes, si misura in base a un metro che cambia con il mutare dei tempi; a questo proposito vale la pena di ricordare la storia di Ernest Shackleton, un altro esploratore polare contemporaneo di Scott. Nel 1914 Shackleton capitanò una spedizione di ventotto uomini con l'obiettivo di attraversare l'Antartide, l'ultima sfida (o così si pensava a quel tempo) rimasta all'esploratore al Polo Sud. La nave di Shackleton rimase intrappolata nei ghiacci, e l'equipaggio fu costretto ad abbandonare l'imbarcazione. Nel bel mezzo del viaggio Shackleton condusse i suoi in salvo su Elephant Island per poi affrontare con altri cinque compagni il mare aperto in una malsicura scialuppa per 800 miglia nautiche fino alla South Georgia Island. Tutti e ventotto gli uomini della *Endurance* sopravvissero ai ventidue mesi di stenti, anche quelli che Shackleton riteneva indegni dell'onorificenza conferita loro dal re al ritorno. La spedizione dell'*Endurance* è passata alla storia come esempio di buona leadership, determinazione e per l'appunto... *endurance*, vale a dire stoicismo e capacità di sopportazione.

Ma questa impresa dall'esito positivo era stata preceduta nel 1907 da un'altra spedizione, in cui Shackleton aveva cercato di conquistare il Polo Sud. Quando egli capì che l'equipaggiamento non era sufficiente a garantire un felice ritorno di tutto il gruppo, a soli 180 chilometri dal suo obiettivo fece dietrofront. Anche in quell'occasione Shackleton non perse un solo uomo. Pur non avendo raggiunto il Polo nel 1907, e nemmeno attraversato l'Antartide nel 1914, Shackleton è stato accolto nel pantheon degli eroi britannici, e con il passare degli anni non se n'è mai messa in dubbio l'appartenenza. Un libro pubblicato qualche anno fa (dei molti che sono stati dedicati a questo argomento) pone in primo piano gli straordinari principi manageriali cui si ispirò Shackleton durante le sue spedizioni.

La domanda che ci dobbiamo porre è dunque la seguente: come mai con il passare degli anni questi due eroi delle esplorazioni polari, entrambi venerati in vita, sono stati considerati in modo tanto diverso?

Fu la Seconda guerra mondiale a cambiare la concezione che gli inglesi avevano del successo. Se all'inizio del ventesimo secolo i sacrifici eroici e le azioni che recavano gloria alla patria erano la norma, successivamente si è cominciato ad attribuire all'eroismo un senso diverso, più complesso, che prende in considerazione circostanze, motivi e, soprattutto, una più attenta valutazione del rischio. Scott non rispondeva a questi nuovi criteri, mentre Shackleton sì.

La natura ha un metro assai semplice per valutare successi e insuccessi: tutto si riduce alla sopravvivenza e alla riproduzione. L'ape regina, per esempio, vola a un'altezza che può essere raggiunta soltanto dal fuco più potente dell'alveare; in tal modo essa si assicura una discendenza che sarà benedetta dai geni migliori possibili. Se nessuno dei maschi arriva a fecondare la regina, la natura traduce il fatto come assenza di maschi nelle vicinanze, e fa in modo che da tutte le uova escano solo maschi. Tuttavia, ciò che distingue l'uomo dalla bestia è la cultura, vale a dire la capacità di pensare e di trascrivere o registrare il frutto dei nostri pensieri. Infatti, come stanno a dimostrare le vicende di Scott e Shackleton, in tempi e contesti differenti la valutazione di un evento cambia. Al giorno d'oggi siamo tornati al punto di partenza; i più misurano il successo secondo principi non dissimili da quelli cui si attiene madre natura per l'evoluzione della specie. Nella cultura di oggi il risultato è la sola cosa che conti. Questo, che lo si voglia ammettere o no, è dovuto in gran parte alla centralità dello sport nella nostra vita e nei media a partire dagli anni Ottanta, e al suo impatto sul linguaggio degli affari.

Nel linguaggio dello sport, la vittoria non è la cosa più importante: è l'unica. Fatica e fortuna non entrano affatto in questa equazione. Tutti, nelle sale conferenze o nelle riunioni di lavoro, sentiamo usare i termini «idea vincente» o «prodotto vincente». La triste verità è che i grandi atleti degli sport individuali sono lupi solitari che hanno rinunciato a qualunque tipo di rapporto sociale per una vita di addestramento ossessivo di stampo militare. Tiger Woods, il miglior golfista al mondo degli ultimi anni, è un perfezionista maniacale che insiste per rifarsi il letto all'arrivo in ogni nuovo albergo e sa con una settimana di anticipo che abiti indosserà. Il lavoro di squadra è l'ultima cosa che interessa a Woods o ad altri eccellenti atleti individuali come lui. Così, il pericolo principale che si ha nell'adottare gli stilemi della cultura sportiva è che, insieme con i valori positivi dell'agonismo, si rischia di dare sempre più credito a una visione semplicistica in cui la competizione è l'unico valore.

Nel mondo degli affari, laddove si adotta il linguaggio dello sport si perdono gli insegnamenti di vita che ci provengono dagli insuccessi. Per chi spera di riuscire, c'è più da imparare dai fallimenti che dai successi. Sbagliare è importantissimo ai fini della propria crescita e del proprio sviluppo personale. L'atteggiamento moderno di considerare solo i risultati, estrema scorciatoia per una cultura che annega in mezzo ai numeri e alle informazioni, perde completamente di vista l'importanza del percorso: l'analisi di quest'ultimo permetterebbe di migliorare e di ottenere in futuro i risultati prefissi. Non guardare al procedimento significa ritenere l'esito del presente come l'unica circostanza che conti, il solo fattore utile a prevedere ciò che accadrà.

Ma il difetto più grave di un atteggiamento di stampo agonistico verso gli affari, che mira esclusivamente agli obiettivi, è la totale mancanza di considerazione per l'elemento del caso. Ci piace credere che il successo che otteniamo provenga dalle nostre doti e dalla nostra fatica, ma ci sono molte persone che lavorano sodo e hanno talento pur non facendo carriera. Paul Getty sottolineava argutamente l'importanza del caso; interrogato sul segreto del proprio successo rispondeva: «Alzati presto, lavora sodo e scopri un giacimento di petrolio».

Storie di pesci

I giapponesi vanno pazzi per il pesce fresco. Così nelle acque intorno al Giappone questo è diminuito in modo sistematico. Per assicurare ai giapponesi il loro tanto amato pesce, le industrie ittiche escogitarono un piano: costruire pescherecci più grandi ed efficienti che potessero arrivare più lontano.

C'era, però, uno svantaggio: più in là si avventuravano i pescatori, più tempo ci mettevano a tornare. Se il viaggio durava più di due giorni, il pesce, per definizione, non sarebbe più stato fresco. Non era questo l'obiettivo.

E così le industrie alimentari trovarono una nuova soluzione: installare giganteschi freezer industriali sulle imbarcazioni. Adesso che era possibile congelare il pescato sul posto, si poteva rimanere in mare più a lungo. Ma per fulminei che fossero i processi di surgelamento, il sapore non era quello del pesce fresco, e i giapponesi percepivano la differenza. La merce surgelata si vendeva a un prezzo molto più basso.

I manager delle aziende alimentari meditarono per qualche tempo e poi se ne uscirono con una nuova idea: equipaggiare i pescherecci con gigantesche vasche d'acqua salata. Non appena catturati, i pesci vi sarebbero finiti dentro. Dapprima si sarebbero dibattuti pinna contro pinna, per poi tranquillizzarsi e infine arrivare in Giappone stanchi e svuotati di ogni energia, ma pur sempre vivi.

Tuttavia, con grave disappunto dei pescatori, il palato sopraffino dei giapponesi riusciva ancora a distinguere il sapore diverso. Dal momento che non si erano potuti muovere per parecchi giorni, questi pesci semiaddormentati non avevano un buon sapore, e i giapponesi continuavano a preferire quelli rimasti fino a poco prima vivi e guizzanti.

Bene, immaginate che a questo punto della storia le industrie ittiche giapponesi vi chiedano una consulenza sul da farsi. Che cosa proporreste?

Ecco come fu risolto il problema: per mantenere fresco il pesce, le vasche d'acqua potevano funzionare, ma non come erano state concepite all'inizio. Dentro ciascuna vi avrebbero piazzato uno squalo. Si sarebbe sacrificato qualche povero pesce, ma in compenso gli altri sarebbero arrivati a terra in ottima salute e in condizioni fisiche eccellenti, visto il costante movimento necessario per evitare di venire divorati. La sfida avrebbe giovato loro.

Questa storia, raccontata per la prima volta negli anni Cinquanta, si è sentita miriadi di volte. La usano i rettori delle università per incitare le matricole, i commissari tecnici di pallacanestro alla vigilia di una partita importante, i produttori di gelati per preparare i propri venditori alla stagione invernale. Chiunque la racconti cita poi lo scrittore L. Ron Hubbard, il fondatore di Scientology. Fu lui a dire: «Per strano che possa sembrare, l'uomo prospera soltanto all'interno di un ambiente di sfida».

Ma sarà una storia vera? La guida turistica online «The Traveler», nel suo articolo su cosa c'è da fare e da vedere a Tokyo, raccomanda vivamente di non lasciarsi sfuggire il mercato del pesce e consiglia il ristorante Edu-Jin, nel quale il cliente è invitato a scegliersi la cena in un acquario pieno di pesci; segnala che lo squaletto che nuota accanto agli altri non fa parte del menu, il che dovrebbe garantire la veridicità della nostra storia.

Ma vero o autentico solo in parte, l'episodio resta comunque un'allegoria perfetta della cultura materialistica dell'Occidente. Ottenere tutto ciò che vogliamo – un partner adatto a noi, un buon lavoro, l'azzeramento dei debiti – mette a tacere ogni nostra ambizione, ci rende arroganti e, ciò che più conta, ci impedisce di aspirare ad altro.

La sfida: ecco la chiave di volta del nostro sviluppo personale, la parola d'ordine della cultura consumistica di oggi, il cui contributo al bene dell'umanità è ancora da valutare. In base a questo approccio, pensare a tutte le sfide che ci aspettano è un'iniezione di energia; quando cerchiamo soluzioni nuove viviamo la nostra vita con pienezza. Ma non bisogna riposare sugli allori, tutt'altro: non appena superato un ostacolo, è necessario spingersi ad affrontarne un altro ancora più grande. In altre parole, metti uno squalo nell'acquario e vedi fin dove riesci a nuotare.

Rispetto alla storia dell'uomo, la frenesia di oggi è un fenomeno relativamente nuovo, che possiamo far risalire al diciottesimo secolo e all'Illuminismo, nonché alla Rivoluzione industriale. Ne fu portavoce il filosofo ed economista Adam Smith. Nella sua opera più importante, *Indagine sulla natura e le cause della ricchezza delle nazioni*, Smith sostiene che la produzione ha un solo obiettivo: il consumo. È chiaro che l'uomo ha percorso molta strada dai tempi di Aristotele, il quale asseriva che senza riposo non vi può essere azione. Nel 1935 un altro pensatore, Bertrand Russell, pubblicò una serie di articoli intitolata *Elogio dell'ozio*. Il libro si sarebbe potuto intitolare tranquillamente «Elogio dell'individualismo». Il ruolo primario della nostra cultura, sostiene Russell, è distrarci dalla questione più importante: la nostra inevitabile morte. Quando acceleriamo il ritmo della nostra esistenza, possiamo evitare di ascoltare i nostri turbamenti interiori. L'individualismo è il vero antidoto al conformismo, che ci costringe a mettere tutti quegli squali nella nostra vasca.

A oltre settant'anni dalla pubblicazione di questi saggi di Russell, il ritmo della nostra vita è ancora più frenetico. Per questo l'ultimo libro di Carl Honoré, *E vinse la tartaruga: elogio della lentezza*, giunge come una boccata d'aria fresca. Honoré, giornalista canadese che vive a Londra, ritiene che la frenesia della nostra società non ci abbia procurato un'esistenza appagante o felice. Porta alcuni esempi agghiaccianti su come lo stile di vita che ci viene imposto incida sul cibo che mangiamo, sulle nostre città, sul nostro lavoro, sul tempo libero, perfino sull'atto stesso dell'amore, mettendo poi questo affresco desolante a confronto con culture diverse, in cui un ritmo esistenziale più misurato pone meno l'accento sulle sfide e permette di avere più tempo a disposizione per sé.

Il sito web http://slowdownnow.org, nato per promuovere uno stile di vita più lento, offre al lettore meditativo una serie di aneddoti e saggi sulla lentezza: una descrizione della cerimonia del tè pomeridiano in Inghilterra compare accanto a una meditazione filosofica sulla difficoltà di alzarsi la mattina. Una sezione del sito è dedicata a famosi scrittori e pensatori come il matematico e filosofo Blaise Pascal, che nel 1650 scriveva che «tutta l'infelicità degli uomini proviene da una cosa sola: non riuscire a restare seduti tranquilli in una camera». O come Marcel Proust, la cui malattia, reale o immaginaria che fosse, lo tenne a letto per dieci anni. In uno dei passi più alti del suo *Alla ricerca del tempo perduto*, Proust descrive per circa diciassette pagine un uomo che giace a letto nel tentativo di riaddormentarsi.

Per concludere, tornando alla nostra storia giapponese, la sfida non prolunga la vita dei pesci, anche se li mantiene freschi. In pochissimo tempo, infatti, moriranno tutti, che sia fra le mascelle dello squalo o sotto il coltello del grande Cuoco sushi del cielo.

Successo e fiocchi di neve

Si dice che non esistano due fiocchi di neve uguali. Considerando il numero enorme ma finito delle possibili combinazioni di un cristallo di neve, è ovvio che si tratta di un altro esempio della nostra incapacità di distinguere tra «infinito» e «molto grande».

Un fiocco di neve è un agglomerato di cristalli di ghiaccio che può presentarsi vuoi sotto forma di esagono semplice composto da un singolo cristallo, vuoi sotto la forma altamente complessa di una stella. I fiocchi di neve che cadono dal cielo generalmente sono quelli dalle forme più complesse.

Lezioncina di scienze: da un'attenta osservazione della singola molecola d'acqua di cui è composto un cristallo di ghiaccio si può notare che 1 su 5000 di queste molecole contiene un insolito atomo di idrogeno nel cui nucleo è presente un solo protone e, contrariamente alla norma, un neutrone. Questi isotopi dell'idrogeno sono sparsi in tutto il cristallo e, dal momento che un solo cristallo di ghiaccio può contenere 10^{18} molecole d'acqua, le probabilità che due cristalli siano uguali sono infinitesimali. La natura casuale della crescita del cristallo non fa che aumentare la sua complessità. Per fare un esempio, il numero di cristalli di ghiaccio che potrebbero risultare da simili aggregazioni, partendo dai quindici parametri che possono caratterizzarne uno, sarebbe superiore a mille miliardi.

Gli esseri umani non sono meno complessi di un fiocco di neve. Si può affermare dunque in tutta tranquillità che nell'universo non troveremo mai due persone perfettamente identiche. E cosa succederebbe se riducessimo il campo della nostra indagine al mondo degli affari? O se lo restringessimo ulteriormente agli uomini d'affari di successo? Riusciremmo a imbatterci in due vicende più o meno simili?

Per non perdere l'analogia con i fiocchi di neve, ho deciso di utilizzare quindici parametri per classificare, a seconda del prevalere di questa o quella caratteristica, la maggior parte delle storie di successo che conosco: coraggio, determinazione, ottimismo, pazienza, integrità morale, individualismo, capacità di delegare, talento, autodisciplina, pensiero quantitativo, abilità nel costruire relazioni sociali, conoscenza della natura umana, creatività, intuito e carisma. Avrei potuto aggiungere altre variabili, ma questa lista è già sufficiente a dimostrare che le probabilità che due uomini d'affari di successo condividano la medesima combinazione di caratteristiche sono più o meno le stesse di trovare due fiocchi di neve identici, vale a dire vicine allo zero.

Le migliaia di libri che raccontano la vita e i meriti di questo o quell'imprenditore di successo sono la prova che non esistono due storie identiche e che per riuscire negli affari si possono utilizzare moltissimi modi. Senza contare l'elemento fortuna, che in queste vicende gioca un ruolo di primaria importanza.

Nondimeno è forte la speranza che possa esistere una caratteristica in grado, magari accoppiata a un'altra, di determinare il maggior numero di successi. È possibile trovare un denominatore comune? Una ricerca condotta presso l'Università della Pennsylvania da Angela Duckworth e Martin Seligman si è concentrata su questo argomento. Dopo aver analizzato un gran numero di carriere di uomini d'affari e portato avanti una serie di esperimenti creati appositamente, i due scienziati sono giunti alla conclusione che il talento naturale inciderebbe in misura davvero minima sul risultato finale. Secondo loro, determinazione, diligenza e pazienza sono la chiave del successo a scuola, sul lavoro e negli affari. Queste qualità ci sostengono quando dobbiamo affrontare gli inevitabili contrattempi e ostacoli che incontriamo nel tentativo di realizzare un progetto a lungo termine.

Intelligenza e perseveranza sono doti del tutto indipendenti l'una dall'altra. Entrambe aumentano le probabilità di successo, ma non è detto che le persone più dotate di talento abbiano più determinazione di quelle che ne sono prive. Inoltre, l'intelligenza, secondo Duckworth e Seligman, è responsabile soltanto nel 25 per cento dei casi di carriere brillanti.

Un altro studio, citato nell'edizione di «Psychology Today» del dicembre 2005, dimostra che i genitori abituati a elogiare i figli per le loro doti naturali (e non per gli sforzi compiuti) di fatto mettono a repentaglio le loro capacità di affrontare le delusioni; i ragazzi lodati per le fatiche portate avanti (e non per il talento) sembrano ottenere dagli insuccessi «nuova carica», mentre gli altri, di fronte a un fallimento, perdono sicurezza.

Gli esperti parlano talvolta di una «regola dei dieci anni»: un decennio (!) di duro lavoro è il tempo minimo necessario, secondo questa teoria, per avere successo in qualsiasi impresa o mestiere, da un negozio di vestiti per bambini a una carriera da sceneggiatore. La capacità di non lasciarsi abbattere dagli ostacoli è in ultima analisi la chiave del successo.

La società ci condiziona a pensare che il talento naturale sia un ingrediente indispensabile per ogni successo. Ma in tutte le carriere brillanti che ho analizzato sembra decisivo un mix di passione, pazienza, perseveranza e resistenza. Valeva la pena di aspettare; in un mondo di gratificazioni istantanee, la pazienza ha i suoi vantaggi.

A ginnastica con gli orsi polari

Quante volte vi capita di schiacciare il tasto *snooze* della vostra sveglia e di riaddormentarvi? Quando cercate di tenere sotto controllo i vostri sentimenti, gli altri riescono a leggerli ugualmente sulla vostra faccia, che è come un libro aperto? Quando siete a corto di energia, vi sforzate di andare lo stesso in palestra?

Tutti noi sappiamo istintivamente qual è il nostro livello di autodisciplina. Siamo capaci di esercitare un ammirevole autocontrollo quando si tratta di lavorare sodo; tuttavia, di fronte alla tentazione, vuoi di rimandare qualcosa all'indomani, vuoi di soccombere all'alcol, al fumo o al gioco, tutte le nostre migliori intenzioni si dileguano.

L'autodisciplina è misurabile, come è stato dimostrato dallo psicologo Walter Mischel nel suo fondamentale studio dei primi anni Settanta. Mischel radunò un gruppo di bambini di quattro anni in una stanza con una ciotola di caramelle morbide e un campanello; poi li lasciò soli. Se un bambino suonava il campanello, lo psicologo tornava nella stanza e lo premiava con una caramella, mentre se il bambino aspettava con pazienza che Mischel tornasse spontaneamente, il bimbo o la bimba ne riceveva due.

Nel video dell'esperimento assistiamo agli sforzi commoventi fatti dai piccini per esercitare l'autocontrollo e ricevere un premio in più. Alcuni si coprivano gli occhi, altri appoggiavano la testa sulle braccia in un futile tentativo di addormentarsi, altri ancora parlavano fra sé a voce alta o si mettevano a cantare. Nondimeno, il livello di autodisciplina era enormemente variabile. Qualche bambino cedeva quasi subito, mentre qualcuno riusciva ad attendere per tutti i quindici minuti prima che lo psicologo tornasse, un'eternità per questi bimbi in età prescolare.

Anni dopo, fu condotto uno studio di controllo su quegli stessi bambini ormai cresciuti e i dati raccolti furono assai interessanti, anche se non sorprendenti: i bimbi che nell'esperimento iniziale avevano dimostrato più autocontrollo si erano trasformati in adulti con un buon senso dell'autodisciplina, disposti a sacrificare una gratificazione immediata per raggiungere un obiettivo a lungo termine. Si trattava di persone ben inserite a livello sociale nel proprio ambiente e poco inclini a lasciarsi abbattere dagli insuccessi. Al contrario, i bambini che non erano stati in grado di aspettare la seconda caramella erano diventati adulti testardi, ansiosi e indecisi.

In genere i ragazzini, specie se molto piccoli, non hanno

un grande autocontrollo. La parte del cervello che governa il senso dell'autodisciplina non giunge a completa maturazione prima dei vent'anni. Il punto è: siamo in grado di modificare lo sviluppo normale del bambino in un'area tanto delicata?

La buona notizia è che una serie di studi sostengono che è davvero possibile aumentare il grado di autodisciplina e la forza di volontà grazie all'esercizio dell'autocontrollo, proprio come si addestra un muscolo con la ginnastica. Sfortunatamente, tanto per il fisico quanto per l'anima, lo sforzo non è sostenibile in eterno. L'esaurimento è in agguato.

Dopo una lunga giornata di lavoro, il muscolo dell'autodisciplina è debole e le tattiche su cui facevamo affidamento in precedenza ci tradiscono. È allora che ci mettiamo a mangiare i cibi che ci fanno malissimo o che alziamo la voce con nostra moglie o con nostro marito.

A riprova, uno studio pubblicato dal «Journal of Consumer Research» nel 2007. Fu chiesto a un gruppo di liceali americani di scrivere per qualche minuto i propri pensieri lasciandosi andare a un flusso di coscienza. Avevano una sola limitazione: non dovevano pensare agli orsi polari. Un altro gruppo ricevette lo stesso compito, ma senza proibizioni. Come incentivo a tutti i partecipanti, veniva elargita una piccola somma di denaro da destinare all'acquisto di un determinato numero di prodotti. Ne risultò che chi aveva il divieto di pensare agli orsi polari spendeva molti più soldi dei compagni che non avevano restrizioni.

Secondo il responsabile dell'esperimento, questo proverebbe che di fatto l'autodisciplina è un bene a disponibilità limitata. In altre parole, gli studenti del primo gruppo erano a corto di autocontrollo (le loro riserve si stavano esaurendo) e dimostravano un maggior desiderio di comprare e di spendere più denaro di quanto preventivato prima dell'esperimento.

In un altro studio, condotto da Baba Shiv e Alexander Fedorikhin presso la Stanford University nel 1999, si chiedeva al primo gruppo di memorizzare un numero di due cifre, mentre al secondo di impararne uno di sette. I partecipanti all'esperimento venivano poi condotti in un'altra zona dell'edificio e fatti passare davanti a un tavolo su cui erano posate fette di torta al cioccolato e porzioni di macedonia. Il 63 per cento del primo gruppo, quello delle due cifre, scelse la macedonia, contro il 41 per cento del gruppo delle sette cifre. Dover memorizzare cinque cifre in più era uno sforzo sufficiente a svuotare le riserve di autocontrollo.

I soggetti che dovevano ricordare i numeri in più avevano usato maggiore energia mentale di quelli cui era stato affidato un compito più semplice. Come abbiamo visto, l'energia mentale è una risorsa che tende a esaurirsi, e coloro che ne avevano investita di più sul primo obiettivo (ricordare più cifre) ne avevano meno da dedicare al secondo (resistere alla tentazione). Per essere precisi, la zona del cervello responsabile della memoria a breve termine si trova collocata sulla parte frontale, proprio accanto all'area che governa l'autodisciplina. Per memorizzare i numeri utilizziamo gli stessi neuroni che, se fossero disponibili, ci aiuterebbero a decidere in modo responsabile che cosa, e quanto, mangiare.

Analoghe scoperte sono state fatte in occasione di un'altra ricerca sulle diete. All'inizio della giornata fu offerto ai partecipanti uno spuntino a base di cereali. Più tardi, le stesse persone furono invitate a prendere parte a una degustazione di gelati. Il gruppo che al mattino si era trattenuto rifiutando i cereali mangiò molto di più di coloro che non avevano resistito. Inoltre, quando fu sottoposto a tutti un problema matematico di una certa difficoltà, chi non aveva ceduto ai cereali rinunciò per il 40 per cento in anticipo rispetto agli altri. Evidentemente avevano esaurito le scorte di autodisciplina a inizio giornata e non erano in grado di mettere insieme l'energia necessaria per resistere ad altre tentazioni (in questo caso, quella di rinunciare al problema di matematica).

Tutti gli studi puntano nella stessa direzione: dopo che si è spesa la propria forza di volontà per uno scopo specifico, è molto difficile esercitare lo stesso tipo di autocontrollo su un altro aspetto non collegato al primo. Rimaniamo come svuotati della volontà.

Se questo è vero, e l'autodisciplina è come un muscolo, la lezione più importante che dobbiamo imparare è che bisogna scegliere con grande oculatezza le battaglie da combattere. Invece di cercare di eccellere in tutto, dovremmo risparmiare la nostra risolutezza per le occasioni in cui serve davvero. E, se siete a dieta, regalatevi un po' di relax, permettendovi il lusso di pensare agli orsi polari.

I dadi di Dio

Il 30 maggio del 1867 fu celebrato il matrimonio tra la principessa Maria Vittoria dal Pozzo della Cisterna e il duca Amedeo d'Aosta, figlio di Vittorio Emanuele II, ma per molte delle persone coinvolte non si rivelò un giorno felice. La guardarobiera s'impiccò, il guardiano del palazzo si tagliò la gola, il funzionario che officiava la cerimonia cadde svenuto per un colpo di sole, uno degli uscieri si sparò e il capostazione di Torino fu travolto dalla carrozza destinata alla luna di miele dell'augusta coppia. Per il resto, tutto filò liscio.

Si trattò di un'eccezionale serie di coincidenze o semplicemente di sfortuna (una sfortuna che avrebbe poi perseguitato la coppia per il resto della vita)? E le coincidenze sono forse il travestimento scelto da Dio per rimanere anonimo o, come sosteneva Darwin, la via attraverso la quale la natura si palesa agli uomini?

La risposta che si può ricevere dipende dalla persona cui rivolgiamo la domanda. Uno studioso di statistica, per cominciare, cercherebbe una spiegazione plausibile per ciascun evento, mettendo in conto la probabilità di un amore non corrisposto tra alcuni degli individui coinvolti e la probabilità di essere investiti da un treno (una su mezzo milione); in generale, sosterrebbe che, su una popolazione di molti milioni di abitanti, un complesso di eventi le cui probabilità sono una su un milione è cosa di tutti i giorni.

A dispetto della sua seducente logica, un simile atteggiamento non riesce a fornirci una spiegazione plausibile della magia del caso, soprattutto quando siamo coinvolti personalmente.

Non ci capita forse di provare una sensazione speciale quando squilla il telefono e la voce che udiamo all'altro capo del filo appartiene proprio alla persona cui stavamo pensando in quel preciso momento? Tendiamo a considerare eventi di questo genere come qualcosa di più di una semplice coincidenza. Eppure, la nostra stessa esistenza è il risultato di una coincidenza unica, nella quale determinate catene chimiche si sono combinate per creare una vita. E nonostante l'evoluzione umana consista in una serie di mutazioni genetiche casuali, il nostro bisogno disperato di dare un senso superiore alla vita torna ad affiorare ogni volta che ci troviamo di fronte a situazioni tanto speciali. «Se davvero siamo stati scelti dal Fato come protagonisti di una coincidenza,» ci convinciamo «vuol dire che il mondo è un luogo meno minaccioso di quel che pensavamo e noi non siamo così piccoli e insignificanti.»

Come si spiega che, a un secolo dall'affermazione di Einstein secondo cui «Dio non gioca a dadi», e dopo una serie di scoperte che hanno rivoluzionato la nostra visione del mondo, il 40 per cento degli studiosi specializzati in scienze naturali ed esatte dichiara ancora di credere nell'esistenza di un essere superiore?

La coincidenza ha un ruolo importante nel rafforzare questo sentimento. Di fronte a una coincidenza straordinaria, la spiegazione statistica e razionale viene respinta e ci consoliamo credendo che una potenza più alta voglia lasciare un'impronta d'ordine nel caos della nostra vita.

Per separare il vero dal fantastico è necessario penetrare la scienza statistica sulla base di solide cognizioni matematiche.

Ma la natura, che si arrabatta per proteggerci, ci ha resi ciechi di fronte alla statistica. Ci prepara ad affrontare qualunque minaccia all'esistenza, a prescindere dalla probabilità che essa si verifichi davvero. Chi potrebbe soffermarsi a pensare che le probabilità di morire in un incidente aereo sono 40 volte minori di quelle di morire soffocati mentre si mangia?

Lo scrittore Paul Auster crede che l'uomo venga plasmato dai poteri arcani della coincidenza. Schopenhauer sosteneva che la forza di una coincidenza sta nel suo essere tagliata su misura per l'individuo che ne è testimone. Lo psicologo Carl Jung fece un ulteriore passo avanti coniando il termine «evento sincronistico», che allargò il campo della coincidenza fino a incorporarvi l'esperienza medesima dell'evento, necessariamente privata e personale. Un evento sincronistico mette insieme il mondo esterno e oggettivo con quello interiore e soggettivo della persona in questione.

Un gran numero di eventi sincronistici significativi è fatto di incontri casuali con la persona giusta al momento giusto, vale a dire quando la disponibilità emotiva è superiore al normale. In simili situazioni, ci avverte Jung, è importante avere coscienza della nostra esperienza emotiva o e del sentimento che ne consegue, perché potrebbero stimolarci importanti intuizioni. Simile all'arricchimento che ci perviene dall'interpretazione onirica, l'evento sincronistico rappresenta il potenziale di un sogno, del genere non sognato da noi, ma foriero di grandi cambiamenti.

Peccato che la nostra cultura tenda a limitare queste esperienze e che lo studioso di statistica abbia la meglio sull'interprete dei sogni.

Il nostro ambiente di lavoro e la facilità con cui accediamo alle informazioni ci espongono alle coincidenze con maggiore frequenza rispetto ai nostri genitori. Sapremo godere delle occasioni di crescita che ci vengono offerte in questo modo?

Potremmo discuterne, se vi capitasse di incontrarmi per strada non appena finito di leggere questo capitolo.

Fare a modo proprio

> Non vale la pena che un uomo intelligente sprechi il proprio tempo a stare nella maggioranza. Per definizione, sono già in tanti a farlo.
>
> G.H. HARDY,
> matematico inglese (1877-1947)

Elogio funebre

Definire quale sia il profilo caratteriale ideale per un uomo d'affari di successo è una delle prime sfide che si trovano ad affrontare gli alchimisti del mondo della finanza. Se soltanto fossimo in grado di valutare in anticipo se la persona seduta di fronte a noi possiede tali doti, troveremmo il modo di far fruttare questa nostra intuizione, magari investendo denaro o lavorando in tandem con lui (o lei).

Da vent'anni sono attivo come investitore, per la precisione, nel settore capitali di rischio, e in questa veste ho avuto colloqui con centinaia di brillanti operatori finanziari. Ho sempre cercato di stanare personalità vincenti, convinto che, mentre è possibile fare di un vincente un manager, non è detto che si riesca a trasformare un manager, per quanto esperto, in un vincente. Per farla breve: soprattutto nel campo dei capitali di rischio, il vincente trionfa, per se stesso e per noi.

Fin dall'inizio della mia carriera ho scoperto che spesso le leggende che circondano la figura mitica dell'imprenditore non necessariamente riflettono la realtà. L'imprenditore medio ha trentacinque anni (non tra i venti e i trenta), ha un'intelligenza media (non è un genio), e spesso ha deciso di interrompere gli studi prima della laurea in economia aziendale. Di norma, ha lavorato una decina d'anni in aziende di prestigio, talvolta sempre nella stessa. Quanto alle caratteristiche individuali, è difficile che siano le stesse per tutti. Eppure, a un osservatore attento non sfuggirà una caratteristica comune, vale a dire la forte motivazione che spinge questi uomini ad agire; né sorprenderà che anche le cause di questa forte spinta siano le medesime.

Non si tratta, come spesso si crede, del desiderio di arricchirsi. Chiunque abbia frequentato un po' il mondo della finanza sa che un operatore che pensa solo al guadagno è da evitare come la peste. È importante invece che sia mosso da una missione, dal profondo desiderio di lasciare, grazie alle sue doti, un segno, un'impronta nella sabbia del mondo degli affari. Citando uno che di imprese audaci, politiche ed economiche, se ne intendeva (Napoleone), potremmo dire: «La gloria è fugace, ma l'oscurità è per sempre».

«Che cosa vorrebbe ottenere entro i prossimi dieci anni?» è una delle domande utilizzate più spesso durante un colloquio di lavoro per capire il grado di ambizione di un candidato attraverso i suoi rapporti personali e la sua visione degli affari. Una domanda più brutale ma più efficace per giungere allo stesso scopo è: «Che cosa vorrebbe si dicesse in occasione del suo elogio funebre?». Se temete che il vostro candidato possa offendersi e abbandonare la stanza, lasciandovi solo con i vostri cupi pensieri, ecco una versione alternativa: «Se tra una decina d'anni "Forbes" o "Fortune" le dedicasse una copertina, come le piacerebbe che fosse intitolata?».

Le risposte a questa domanda si possono suddividere in due categorie: la prima, del tipo «Pinco Pallino, benché businessman di successo planetario, è riuscito a mantenere i suoi valori/è rimasto il ragazzo semplice di un tempo/non ha dimenticato gli amici dell'infanzia» (scegliere l'opzione più appropriata), è la risposta di un uomo per cui onore e prestigio sono particolarmente importanti, che desidera il successo per mantenere la propria posizione all'interno del gruppo di persone cui fa riferimento; la seconda, del tipo «Pinco Pallino ha raggiunto un successo stratosferico battendo strade mai solcate», è la spia che ci troviamo davanti a un uomo desideroso di lasciare un segno.

Sia ben chiaro, è possibile trovare la persona che fa per noi in entrambe le categorie. Per conto mio ho sempre preferito il secondo tipo, perché più efficiente. Chi è motivato dal prestigio e dalla posizione sociale non va sottovalutato, ma è probabile che la fonte della sua energia non sia abbastanza forte: sono dell'opinione che il problema psicologico di un ego contaminato sia uno degli ostacoli principali nel mondo degli affari. Invece, se una persona muore dalla voglia di lasciare il segno, la sua bussola gli indicherà sempre la strada giusta, aiutandolo a navigare dritto verso il successo. Non perderà tempo a soddisfare il suo bisogno di rispetto e ammirazione a scapito dell'efficienza.

Chiunque abbia frequentato un po' qualche operatore finanziario di razza sa che queste persone non sono mai soddisfatte di sé; sono inquiete, com'è inevitabile che sia chi non può fare a meno di provare al mondo la propria bravura. L'operatore finanziario di successo è... come si può dirlo in modo garbato?, un po' nevrotico. Comportamenti ossessivi, bisogno di controllo, manie di perfezionismo sono solo alcuni dei sintomi, a quanto pare dovuti in gran parte all'insicurezza esistenziale che segue questi personaggi come un'ombra fin dall'infanzia. Le origini di questa insicurezza sono varie: l'essersi sentito rifiutato in età infantile, la mancanza di calore umano da parte di uno o di entrambi i genitori, l'emarginazione sociale o qualche altro tipo di ferita. Tutti noi ne abbiamo, ma questi «purosangue» ne hanno di più, e cercano di guarirle con il successo in affari, convinti che sia il modo giusto per curare la loro anima dolente. Un trauma troppo grande, però, finisce per paralizzare e rendere incapaci di affrontare i problemi che si presentano; così invece di un pizzico di nevrosi che non guasta mai, finiamo per trovarci davanti a un minestrone di tratti caratteriali velenosi che ci rovinano il piatto.

L'ottimismo è un'altra dote utile a potenziare la macchina e a compensare l'insicurezza: un uomo d'affari è perduto senza ottimismo, grazie al quale riesce a vedere il mondo come un luogo pieno di opportunità che sono lì per lui, pronte da cogliere e sfruttare a suo piacimento. Come disse Churchill, è l'ottimismo che permette al brillante uomo d'affari di avanzare di fallimento in fallimento senza perdere neanche un briciolo dell'entusiasmo che gli è proprio. È sempre l'ottimismo che gli consente di prosperare in situazioni da cui, se avesse ragionato lucidamente, si sarebbe dovuto tenere alla larga. Anche per l'ottimismo, come per l'insicurezza, tutto dipende dalle dosi.

Si cammina sul filo del rasoio tra un pizzico di nevrosi e la capacità di valutare realisticamente i fatti. L'eccesso di ottimismo può causare danni gravissimi alla corretta capacità di giudizio, impedendo di cogliere i primi sintomi, pur percepibili, del fallimento di un'azienda in tempo utile perché l'azienda stessa possa essere salvata.

Fortunatamente, per chi svolge i colloqui di assunzione, l'ottimismo è una caratteristica facilmente riconoscibile, e spesso bastano le affermazioni del candidato stesso per trarre in proposito conclusioni precise. Io tendo a porre domande sui traumi subiti in passato, in particolar modo su eventuali insuccessi che hanno causato dolore, o su scelte sbagliate. Sorprendentemente, il candidato ottimista non si sofferma a lungo su queste domande. Dal suo punto di vista, la sequela di eventi che compongono la sua vita funge da trampolino per il suo sviluppo personale e professionale. L'uomo d'affari ottimista non attribuisce grande importanza a questo o quell'episodio o decisione specifici, perché ciascun momento è servito a fargli trovare la via che gli permetterà di lasciare la sua impronta sulla sabbia.

Ma i soldi? Che cosa c'entrano i soldi con tutto questo? Sono solo la materia prima: hanno importanza perché sono l'unico strumento per misurare obiettivamente il successo o, se vogliamo, la profondità dell'impronta lasciata.

Assassinio nel comitato investimenti

Uno strano delitto commesso a New York una notte del 1964 dette l'occasione per condurre uno dei più importanti studi di psicologia del Novecento.

Quella sera, dopo il lavoro, Kitty Genovese tornò a casa sua nel Queens. Uno sconosciuto, che poi fu identificato come Winston Moseley, la accoltellò alla schiena e poco dopo all'addome. Udendo le grida della donna, tutte le luci del quartiere si accesero, ma nessuno dei vicini alzò un dito per aiutarla. Un po' per volta le luci si spensero, e l'uomo, che si stava già avvicinando alla macchina per scappare, tornò a finire la sua vittima. Il tutto si svolse in trentacinque minuti; il «New York Times» sostenne che trentotto testimoni avevano guardato dalla finestra mentre la ragazza lottava per la vita, ma nessuno aveva alzato un dito per aiutarla.

Come molti altri newyorkesi, John Darley dell'Università di New York e Bibb Latane della Columbia University seguirono con orrore la descrizione dell'omicidio e le successive reazioni dei lettori del «New York Times». In quanto psicologi sociali ritenevano che il comportamento dubbio di coloro che avevano assistito a quel terribile crimine fosse imputabile più alle circostanze che alla loro personalità.

Darley e Latane dettero inizio a un esperimento: si metteva una persona in una stanza senza spiegarle il vero motivo; le veniva detto che avrebbe dovuto parlare di normali problemi di stress, come altri studenti a loro volta isolati, a tutela della privacy, in altre stanze. In realtà le voci che giungevano erano registrate. A un certo punto una di queste simulava un attacco epilettico e gridava aiuto. Si scoprì che, se l'oggetto dell'esperimento era convinto di non essere l'unico a sentire le grida dalla propria stanza, era molto improbabile che prendesse l'iniziativa. Proprio come i vicini di Kitty Genovese, che non avevano reagito alle sue richieste di aiuto. Più di due terzi dei soggetti non fecero nulla per soccorrere la persona in difficoltà, mentre l'85 per cento di coloro che ritenevano di essere gli unici a sentire reagì.

I ricercatori coniarono un nuovo termine per indicare lo stretto rapporto tra le dimensioni del gruppo e il numero di persone che correva in aiuto: *shared responsibility*, «responsabilità condivisa». L'esperimento dimostrava che tanto più grande era il gruppo, tanto minore era la responsabilità che ogni singolo riteneva di avere. A quanto pare, alcuni fattori di carattere sociale impediscono all'individuo di prendere l'iniziativa e di assumersi una responsabilità che potrebbe in seguito causargli imbarazzo («Forse era solo una lite fra fidanzati...»).

È possibile che un comitato investimenti (il cuore pulsante di qualunque istituzione finanziaria) sia soggetto al fenomeno della responsabilità condivisa? I numerosissimi dati raccolti fino a ora sembrano indicare che le decisioni di gruppo sono tendenzialmente foriere di disastri.

Il vantaggio principale del gruppo rispetto all'individuo è la maggior riserva di conoscenze e di abilità. Tuttavia, all'atto pratico, è rarissimo che queste siano condivise da ogni elemento del gruppo, così si tende a discutere sulla base di informazioni già note a tutti piuttosto che su quelle conosciute dalle singole persone. Gli scienziati danno un nome a questo fenomeno: *hidden profile*, «profilo nascosto».

In un famoso studio condotto da Dennis Stewart e Gary Stasser sull'*hidden profile*, a diversi gruppi di tre persone si affidava il compito di scegliere il candidato più adatto al ruolo di direttore marketing. I ricercatori compilarono per ogni candidato un curriculum, che conteneva quindici diverse informazioni. Uno dei tre curricula si distingueva dagli altri: era quasi perfetto per quel posto. Ogni membro del gruppo aveva a disposizione solo una parte dei dati; complessivamente tutte le informazioni erano presenti, ma erano suddivise fra i tre partecipanti: se il gruppo fosse stato in grado di comunicare in modo adeguato, avrebbe immediatamente individuato il candidato più adatto.

Ma il 90 per cento dei gruppi non fu in grado di condividere le informazioni. I membri tendevano a non far emergere caratteristiche negative sui candidati che ritenevano promettenti o informazioni positive su quelli che apparivano loro meno adatti, il che favoriva una situazione di generale omogeneità, e scoraggiava ulteriori discussioni che avrebbero potuto tornare utili. Si tratta di un fenomeno che si ripete in vari studi e porta a discussioni poco oggettive in cui i punti di forza del gruppo non vengono valorizzati. Il dibattito si concentra solo sulle informazioni che tutti i membri condividono, anche se il gruppo trarrebbe maggiore giovamento dallo scambio di dati non ancora condivisi. In una discussione di questo tipo i partecipanti preferiscono trattare gli argomenti a favore delle opinioni generalmente condivise. Gli studi rilevano che quando un gruppo sta per raggiungere un accordo, tende sempre più a restringere il dibattito ai temi su cui c'è già un ampio consenso. Inoltre, a detta dei ricercatori, coloro che mettono a disposizione dati utili a confermare il punto di vista collettivo sono considerati dal gruppo (e si considerano loro stessi) più intelligenti e credibili. È il fenomeno che si definisce, non a torto, «rafforzamento reciproco».

Quello che segue è un decalogo, tratto da recenti e importanti studi di ricerca, utile a migliorare la condivisione di informazioni tra i membri di una commissione.

- Discussioni più lunghe portano a un maggiore scambio di informazioni.
- Se i partecipanti sono disposti ad attribuire competenza a questo o quel singolo membro del gruppo, ciascuno si sentirà più incentivato a condividere ciò che sa.

- Se ai partecipanti si richiede un atteggiamento critico, lo scambio di informazioni è maggiore.
- I dati negativi o che si è cercato di tenere nascosti tendono a venire diffusi più facilmente di quelli positivi.
- Con opinioni divergenti già prima che inizi la discussione le informazioni circolano con più facilità.
- Una discussione fra persone di pari grado è più efficace di una tra superiori e inferiori, perché il rapporto gerarchico inibisce lo scambio di dati.
- Se ai membri di una commissione si richiede di documentare le proprie informazioni, lo scambio sarà più ricco.
- Ordinare le varie opzioni per grado è utile per una maggiore diffusione delle informazioni.
- Se ai membri di una commissione è noto che dovranno scambiarsi fra loro informazioni, e non soltanto prendere decisioni, la condivisione di dati sarà di sicuro più consistente.
- Le immagini restano impresse nella memoria più delle parole.

Se vi sembra difficile fare vostra la saggezza scientificamente provata del decalogo summenzionato, non vi resta che seguire questo consiglio: affinché una commissione sia efficace, deve essere composta di soli tre membri, dei quali due dovranno trovarsi opportunamente altrove al momento della discussione.

Il motivo per cui non si condividono informazioni ci riporta alla scoperta di Darley e Latane sulle componenti sociali del nostro comportamento. Se abbiamo paura della percezione che gli altri avranno di noi, tenderemo a non far sentire la nostra voce, né quando siamo testimoni di un delitto né se siamo membri di una commissione investimenti. E, tra questi «altri» di cui temiamo l'opinione, non ci sono, per qualche strana ragione, i numerosi clienti che la commissione dovrebbe teoricamente servire.

L'enigma degli applausi ungheresi

Nel marzo 2006 gli organizzatori del Festival di primavera di Budapest si trovarono a dover affrontare quello che è ritenuto da sempre l'incubo degli impresari musicali: un caldo abnorme per quella stagione, che portò sì una grande affluenza di turisti, ma anche un virus che colpì le due star principali, il direttore d'orchestra e il pianista solista. A sostituire il direttore fu chiamato Aleksander Sladkovskij, artista dell'Orchestra sinfonica di San Pietroburgo, ben noto agli organizzatori del festival. Fu, invece, una scelta più azzardata affidare la prima esecuzione, con l'Orchestra sinfonica di Budapest, del Concerto numero 1 per pianoforte di Chopin a un pianista italiano di nome Pietro De Maria.

Il Festival di primavera di Budapest ha una storia particolarmente felice in fatto di sostituzioni all'ultimo minuto, e l'edizione del 2006 non fece eccezione. Il pubblico apprezzò molto la toccante esecuzione del giovane pianista e l'ispirata interpretazione che il direttore d'orchestra fece della Sinfonia numero 2 di Čajkovskij con cui si concluse la serata. Gli applausi durarono niente meno che dodici minuti, ed è proprio di questo che parleremo.

In Ungheria e in altri paesi dell'Europa dell'Est il pubblico esprime agli artisti il proprio apprezzamento con applausi di intensità e carattere differente. Lo scroscio iniziale si trasforma spesso in un battito ritmico che ha uno schema molto preciso: gli applausi, dapprima forti e disordinati, sono seguiti da un processo di sincronizzazione quasi istantaneo in seguito al quale tutti battono le mani simultaneamente e con un ritmo preciso. Questo meccanismo può cessare e ricominciare più volte o, come nel caso del Festival di Budapest del 2006, dozzine di volte.

Il fatto che centinaia di individui in una platea siano in grado di coordinare il proprio battito di mani con gli altri è un fenomeno conosciuto, così come lo è il fatto che, dal momento in cui si raggiunge l'applauso ritmico, la platea lo mantiene senza alcuna fatica. Ma allora perché il pubblico preferisce tornare all'applauso caotico dell'inizio, e per di più ciclicamente?

Zoltán Néda, un professore rumeno di fisica teorica, che per la prima volta aveva assistito al fenomeno alla fine di una messa in scena della *Cantatrice calva* di Ionesco in Ungheria, decise di risolvere l'enigma. Insieme con Albert-László Barabási dell'Università di Notre Dame e vari altri colleghi, Néda guidò una ricerca fra le più singolari condotte nel campo della fisica.

Gli studiosi probabilmente avevano in mente gli stormi di uccelli migratori che volano formando coreografie precise, i banchi di migliaia di pesci che si muovono come un organismo unico, o il lampeggiare sincronizzato delle lucciole del Sudest asiatico, che illuminano all'improvviso la notte e si possono vedere a chilometri di distanza. I matematici definiscono questo fenomeno «oscillazione globale»: è quello per cui i grilli friniscono tutti insieme, per cui le cellule stimolatrici del battito cardiaco si sincronizzano per pompare circa 70 centimetri cubici di sangue attraverso il nostro corpo a ogni battito, per cui le donne che vivono insieme da un certo tempo mestruano contemporaneamente.

Un presupposto perché si verifichi l'oscillazione globale è la bassa varianza del fenomeno di cui ci si sta occupando, in questo caso gli applausi di un pubblico.

Dopo aver registrato parecchi spettacoli teatrali e d'opera in Romania e Ungheria, i ricercatori analizzarono le tracce sonore secondo i parametri di volume del suono, intensità del rumore (cioè il volume diviso per il tempo) e intensità media del rumore.

Scoprirono che, dopo qualche secondo di applausi disorganizzati, si sviluppa regolarmente un segnale periodico di picchi. Se è vero che la sincronizzazione aumenta la forza del segnale nell'istante del battito, sorprendentemente porta anche a una diminuzione dell'intensità media del rumore nella sala. Se da una parte il pubblico prova il desiderio di aumentare l'intensità media del rumore, dall'altra vuole mantenere il ritmo: per questo la sincronizzazione appare e scompare.

E, dunque, come spiegano questi studiosi lo strano comportamento del pubblico est-europeo che alterna i due diversi tipi di applauso? La capacità che l'uomo possiede di convogliare i suoni prodotti dagli individui in un coro tribale affonda evidentemente le proprie radici nell'origine della specie, quando era un importantissimo strumento per sopravvivere ai predatori, i quali in lontananza dovevano calcolare le dimensioni della potenziale preda in base al rumore che produceva.

Tutti conosciamo l'emozione di sentirci parte di un gruppo: quando facciamo il tifo durante una gara sportiva, partecipiamo a una manifestazione, aspettiamo i risultati elettorali insieme a una folla di gente. I ricercatori sostengono che i discendenti musicali dell'uomo primitivo sono combattuti tra due desideri in conflitto tra loro. Uno, primordiale, immediato e spontaneo, è quello di mostrare apprezzamento agli artisti che si sono esibiti: il messaggio diventa più chiaro con l'aumentare d'intensità del suono degli applausi, cosa che, come hanno scoperto i ricercatori, si ottiene meglio con il battito disorganizzato. Il secondo desiderio è quello di far parte di un gruppo, e di avere un'altra possibilità di ascoltare gli artisti: l'applauso ritmico e affettuoso esprime meglio questo messaggio, ormai diventato un fatto culturale, pur essendo parte della natura dell'uomo.

L'accelerazione cadenzata, che esprime l'urgenza della richiesta del pubblico, spinge ciascun individuo presente in sala ad applaudire secondo il proprio ritmo nel momento in cui l'artista torna in scena.

La dinamica di questo genere di applausi risolleva un tema che riguarda la società in generale e le istituzioni finanziarie in particolare: la forza di un'istituzione si cela nell'unicità di ciascuna persona che ci lavora o, al contrario, risiede nel denominatore comune che tutti condividono? Un'istituzione raggiunge un obiettivo comune con più efficienza dei singoli individui che la compongono, anche se questi ultimi si esprimono in modo emozionalmente più intenso? E in generale, può un individuo raggiungere un obiettivo culturale o economico senza l'aiuto degli altri (partner, clienti, datori di lavoro, maestri o altro)?

La campionessa di tennis Althea Gibson, la prima donna afro-americana a vincere Wimbledon nel 1955, aveva una risposta semplice: «Qualsiasi risultato otteniamo, avviene perché qualcuno ci ha aiutato».

L'Ammiragliato è dolente di informarvi...

Walter Arnold nacque il 28 ottobre 1909 con una sottilissima membrana che gli copriva il viso, e che l'esperta levatrice eliminò con facilità. La levatrice, citando una superstizione allora molto diffusa, dichiarò: «Chi nasce con un velo così non potrà mai annegare». Ed effettivamente il sergente macchinista e fuochista Arnold non annegò mai, nemmeno quando, trent'anni dopo, 99 dei suoi compagni morirono a bordo del sottomarino di Sua Maestà *Thetis*.

Si era davvero salvato per la sua buona stella, come profetizzato dalla levatrice alla sua nascita? Ripensando agli eventi che si svolsero in quei due giorni di tempesta, tre mesi prima dello scoppio della Seconda guerra mondiale, pare che Arnold, oltre alla buona stella, avesse anche un'altra freccia al suo arco.

Il *Thetis*, nuovo sottomarino di classe Tritone, prese il mare la prima volta dal porto di Cammel Lairds il 1° giugno del 1939, con 103 uomini a bordo tra membri dell'equipaggio, portuali e altri, come era costume per il viaggio di inaugurazione; insomma il doppio del consentito.

La ragione per cui il portello di prua del tubo lanciasiluri numero 5 rimase aperto, in completa noncuranza delle direttive di bordo, ci è tuttora sconosciuta. Sappiamo invece perché il tenente colonnello Bulos non poteva sapere, mentre apriva il portello interno, quello che conduceva direttamente al corpo del sottomarino, che il tubo era pieno d'acqua: c'era una goccia di vernice, probabilmente applicata male da un operaio, che bloccava il sottile condotto che fungeva da valvola di scarico del tubo, il quale di conseguenza risultava asciutto mentre in realtà era pieno d'acqua pronta a rovesciarsi nel sottomarino. L'apertura del portello interno, durante un controllo di routine, fece irrompere masse infinite d'acqua nel *Thetis*, le due camere anteriori si allagarono e il sottomarino si adagiò immediatamente sul fondo della baia di Liverpool, non lontano da dove era salpato.

La terribile notizia sconvolse il paese. Ma quando si seppe che la poppa era emersa dalla superficie dell'acqua si ritrovò un po' di speranza. L'unica cosa da fare sarebbe stata aprire una breccia nella poppa e lasciar entrare l'ossigeno, in modo da salvare i membri dell'equipaggio intrappolati nel sottomarino.

Perché questo non avvenne? Perché l'Ammiragliato non agì con la prontezza e i mezzi necessari per salvare queste vite umane?

«L'Ammiragliato è dolente di informarvi...» era la formula usata nei telegrammi di condoglianze mandati alle famiglie dei caduti in servizio, ed è anche il titolo in inglese di un libro molto interessante, *Uomini sul fondo*, di C.E.T. Warren e James Benson, in cui vengono ricostruiti, minuto per minuto, i momenti di questa tragedia: la catastrofe, gli errori, le indecisioni e la terribile indifferenza di coloro che avrebbero dovuto guidare e organizzare il salvataggio.

Il gruppo impiegato nelle operazioni perse le coordinate del sottomarino, poi le ritrovò, le riperse, le ritrovò di nuovo e infine le perse ancora una volta; i soccorsi in superficie arrivarono sul posto in ritardo perché gli strumenti tecnologici erano superati e c'era la necessità di radunare sul luogo del disastro più navi.

L'Ammiragliato scoprì solo in un secondo tempo che il numero di passeggeri era fuori norma. Così calcolò erroneamente che l'ossigeno sarebbe durato 36 ore, vale a dire il doppio del tempo che durò nella realtà.

È possibile che l'Ammiragliato, a un passo dalla Seconda guerra mondiale, abbia preferito risparmiare il sottomarino piuttosto che salvare la vita agli uomini a bordo? Difatti, sarebbe stato relativamente facile recuperare l'equipaggio, a costo, però, della possibile perdita della nave.

A quel punto, due uomini si liberarono da soli, utilizzando intelligentemente la capsula di salvataggio e raggiungendo a bordo di questa la salvezza. Un secondo tentativo si concluse con la morte di altri tre membri dell'equipaggio, la cui capsula si aprì direttamente nel sottomarino creando un corto circuito che alzò il livello del diossido di carbonio.

La capsula si trasformò in una trappola mortale. Il tenente colonnello del sottomarino cercò disperatamente dei volontari per un altro tentativo. La richiesta fu sussurrata di orecchio in orecchio con il fiato sospeso. Si prestò il fuochista Arnold: forse si era reso conto che aspettare l'aiuto dell'Ammiragliato era più rischioso che cercare di salvarsi da solo.

Arnold con un altro volontario arrivò sano e salvo a bordo della nave di soccorso; fu accolto da un dottore che lo sedò immediatamente. Fu il primo episodio di una vasta congiura messa in atto dall'Ammiragliato e volta a far sparire le prove, nell'assurdo tentativo di nascondere i propri errori.

Secondo questo libro, l'Ammiragliato britannico di quel tempo riassume in sé le caratteristiche di molte organizzazioni burocratiche: inefficienza, lotte intestine, inettitudine e una lista di priorità in cui la vita umana spesso non figura per prima.

Il fuochista Arnold si era reso conto chiaramente che l'unico modo per salvarsi la vita era prendere lui stesso l'iniziativa, invece di aspettare gli ordini dei suoi superiori.

Siete intrappolati anche voi in un vostro sottomarino? Avete dei superiori stupidi, impegnati in lotte intestine, che non ritengono il benessere dei propri sottoposti una loro priorità? Dal *Thetis* sono scappati quattro uomini su oltre cento. Voi vi sareste salvati?

La sottana del mercato azionario

Nell'autunno del 2004 Nancy Paterson, artista multimediale canadese, espose un'opera dal titolo bizzarro: *Stock Market's Skirt*, «la sottana del mercato azionario». Consisteva in un manichino che indossava un vestito da sera di taffettà blu e velluto nero, intorno al quale erano installati alcuni monitor di computer che proiettavano in tempo reale le quotazioni della borsa di Toronto; un altro schermo analizzava l'andamento delle quotazioni e attivava un motore invisibile che, collegato a un lembo del vestito, faceva alzare e abbassare la sottana a seconda delle oscillazioni della borsa.

La teoria che ci sia un rapporto tra la lunghezza delle sottane e le fluttuazioni del mercato non è nuova: gli orli si alzerebbero in ragione della fiducia dei consumatori, e quest'ultima eleverebbe l'ottimismo della borsa.

Si tratta di una teoria non suffragata da prove scientifiche, anche se i dati raccolti in alcuni periodi presentano un'affascinante parallelismo. Per esempio, il rialzo dell'indice Dow Jones dell'estate del 1971, quando gli hot pants andavano a ruba; o la benefica influenza delle minigonne in borsa nel 1993. Eppure, questa frivola teoria non avrebbe mai attecchito se non fosse vero che i vestiti giocano un ruolo importante nel mondo della finanza.

Il sociologo canadese Erving Goffman ha posto le basi filosofiche per comprendere questo rapporto. Nel libro *La vita quotidiana come rappresentazione*, del 1959, Goffman sposta la battuta di Shakespeare «tutto il mondo è un palcoscenico» in un contesto sociologico, e afferma che la nostra vita altro non è che una rete di incontri con altri individui o gruppi. In ognuno di questi incontri noi assumiamo il ruolo dell'«attore», mentre gli altri sono il nostro «pubblico» e reagiscono alla nostra «commedia». Secondo questo punto di vista la nostra identità non è che la somma delle commedie che recitiamo, e di conseguenza non abbiamo un'identità unica e inequivocabile. Il «sé» è un'entità che cambia e reagisce in modo diverso a seconda della commedia che rappresenta e del pubblico che ha davanti. Se vestiamo la nostra commedia con il costume più adatto, tutto ciò che c'è sotto il costume (soprattutto la nostra personalità) risulterà meno importante.

Se dunque si può descrivere la vita come il repertorio di diverse commedie, l'incontro d'affari dovrebbe detenere fra queste un posto d'onore: è relativamente breve, l'attrezzeria è ben nota agli attori e di solito si tratta di una rappresentazione senza repliche. Di conseguenza i vestiti diventano ancora più importanti: dei bei costumi probabilmente lasceranno una buona impressione.

Effettivamente, in presenza di una persona che non conosciamo, cerchiamo di indagare alcuni aspetti della sua identità (lo status sociale ed economico, l'immagine che la persona ha di sé, l'intelligenza, perfino l'affidabilità) dai vestiti che indossa. Sono informazioni preziose, sia per gestire al meglio l'incontro sia per capire che cosa ci possiamo aspettare in futuro. Ed è vero per l'attore come per il pubblico.

Non è possibile prevedere la reazione del pubblico. Da uno studio condotto su impiegati al banco del check-in di varie compagnie aeree si è visto che era assai più facile ottenere un cambio classe per i passeggeri vestiti in giacca e cravatta che per gli altri. Al contrario, i commessi dei negozi di lusso non si lasciano ingannare: notano il valore dell'orologio che il cliente ha al polso e soprattutto osservano le scarpe, ignorando gli altri dettagli. Sanno che un cliente con le scarpe consumate farà un sacco di domande e finirà per non comprare niente.

La mattina di un incontro importante, davanti all'armadio aperto, la decisione che prendiamo inciderà significativamente sulla buona riuscita della nostra commedia: stiamo decidendo che personaggio vogliamo interpretare oggi. Uno che è di più di quel che siamo veramente? O di meno? O precisamente uguale a quel che siamo? O magari tutt'altra persona?

Prendiamo un esempio di tremila anni fa, uno dei più grandi scontri della Bibbia: Davide che combatte contro Golia. Saul, temendo per Davide, gli presta la sua spada e la sua armatura, e gli calza in testa un elmo di rame. Ma Davide, a disagio in abiti non suoi, si spoglia e decide di andare incontro a Golia munito soltanto del bastone, della bisaccia da pastore, della fionda e di cinque pietre che aveva raccolto. Solo così si sente a proprio agio. I vestiti che indossa non sono in conflitto con la sua identità e dunque non rappresentano uno svantaggio nella lotta. È interessante notare che nella lingua ebraica della Bibbia la radice delle parole «tessuto» e «imbroglio» è la medesima.

Lo studio di Goffman solleva una questione importante: fino a che punto siamo una sola entità, una chiara identità o una struttura dalle mille sfaccettature? È possibile che la risposta si nasconda nel nostro armadio: se vi troviamo solo una dozzina di tubini neri, tutti dello stesso modello, allora abbiamo a che fare con un'identità univoca e ben definita. Tranne, naturalmente, se l'armadio è quello di un uomo: in quel caso un guardaroba pieno di tubini sarebbe certamente un segno di ribellione...

Sei gradi di separazione

Nel 1912, Frigyes Karinthy, con la sua raccolta di poesie e novelle *Így írtok ti* («Così scrivete voi»), parodia delle voci letterarie più famose dell'epoca, a soli venticinque anni divenne il più famoso autore ungherese. Nel 1929 pubblicava il suo quarantaseiesimo libro (!), una raccolta di più di cinquanta racconti, di cui uno, *Catene*, avanza l'ipotesi che ciascuno possa arrivare a conoscere qualsiasi abitante della terra (all'epoca un miliardo e mezzo di persone) attraverso non più di cinque collegamenti.

Solo quarant'anni dopo la pubblicazione del libro si venne a sapere che l'intuizione letteraria di Karinthy aveva fondamento scientifico: il professor Stanley Milgram, divenuto famoso grazie a una serie di esperimenti tesi a valutare gli aspetti morali dell'obbedienza all'autorità, scoprì un nuovo modo per indagare la questione, chiamato da lui «teoria del mondo piccolo».

Per il suo esperimento, condotto presso l'Università di Harvard, Milgram selezionò due destinatari: la moglie di uno studente di teologia e un agente di cambio, entrambi della zona di Boston. Chiese poi ad alcune persone scelte a caso e provenienti da tre diverse città del Midwest di mandare un pacco a uno dei due destinatari. A tutti i mittenti fu dato il nome di un solo destinatario, indicata la sua professione e la zona non troppo ristretta dove abitava; dovevano mandare il pacco tramite un loro conoscente che ritenevano avesse probabilità di sapere chi fosse il destinatario finale, o almeno di conoscere qualcuno che lo sapesse. Alla seconda persona cui questo pacco veniva affidato era detta la stessa cosa, e così via finché il pacco non fosse giunto a destinazione.

Milgram fece mandare 160 pacchi, di cui 42 raggiunsero la persona indicata. I partecipanti supponevano che la limitazione di poter dare il pacco solo a una persona che si conosceva personalmente avrebbe reso necessari almeno cento passaggi prima di raggiungere la destinazione; ma, con lo stupore di tutti, si venne a sapere che il numero medio di passaggi era da cinque a sette, ovvero molto vicino all'idea originale di Karinthy.

Da qui nacque l'espressione «sei gradi di separazione», usata per indicare la teoria secondo la quale ogni essere umano sulla faccia della terra è collegato a tutti gli altri da una catena di conoscenze i cui anelli sono in media non più di sei.

Fu il drammaturgo John Guare, con la sua commedia del 1990 dal titolo *Sei gradi di separazione*, cui seguì la versione cinematografica nel 1993, a rendere popolare quest'espressione. «Ho letto da qualche parte che tutti noi su questo pianeta siamo separati gli uni dagli altri soltanto da sei passaggi» dice uno dei personaggi di questa amabile commedia, in cui si racconta la storia vera di un gay che, negli anni Ottanta, imbroglia con grande intelligenza tutta l'alta società newyorkese fingendosi figlio di Sidney Poitier.

> Sei gradi di separazione tra noi e tutti gli altri abitanti del pianeta. Il Presidente degli Stati Uniti, un gondoliere veneziano, chi ti pare. È veramente rassicurante sapere che siamo così vicini, ma è anche una tortura cinese, perché è difficile azzeccare la giusta sequenza di sei persone. Non solo con i grandi nomi, ma con tutti: un indigeno della foresta pluviale, uno della Terra del Fuoco, un eschimese. Io sono legato, e anche tu, e tutti siamo legati agli altri abitanti di questo pianeta da una catena di sei persone... tutti sono una nuova porta, che si apre su altri mondi.

Ora, al posto dei personaggi nominati nella commedia, mettiamo il nome di un potenziale partner in affari. Il fatto che solo sei strette di mano ci separino da lui o lei è la chiave di volta della globalizzazione. Da quando questa teoria è stata provata, ha infiammato la fantasia di molti, mettendo in moto un mucchio di strampalataggini, da erronee teorie genealogiche al classico gioco di società «Sei gradi di separazione da Kevin Bacon». Come si può ben immaginare, di lì a poco il fenomeno fu studiato sul piano teorico. I ricercatori della Wharton School of Business indagarono il rapporto tra il numero di gradi che separano due membri qualsiasi del consiglio di amministrazione di una compagnia e gli stipendi dei dirigenti di quella compagnia. Risultò che nelle società i cui membri del consiglio di amministrazione erano separati da pochi gradi l'uno dall'altro prima di entrare a far parte del consiglio, i manager avevano stipendi più alti.

Nel 2001 Duncan West e i suoi colleghi della Columbia University iniziarono a misurare quanto l'uso della posta elettronica contribuisse a rendere più piccolo il mondo. Riutilizzando il meccanismo dello storico esperimento di Milgram, i ricercatori chiesero a 61.168 partecipanti provenienti da 168 paesi di mandare e-mail a 18 persone, tra cui un veterinario norvegese, un poliziotto australiano e uno studente universitario siberiano.

Anche qui, come nell'esperimento originale, i partecipanti dovevano mettersi in contatto con il destinatario mandando e-mail a conoscenze personali che si pensava potessero avere buone probabilità di raggiungere il destinatario. E come per magia (e come nel primo esperimento) il numero medio di tramiti era da cinque a sette.

Secondo West, il mezzo elettronico non cambia i modi in cui costruiamo la nostra rete di conoscenze. Nel suo esperimento solo il 6 per cento dei tramiti era stato scelto tra conoscenze acquisite grazie a Internet; la maggior parte dei rapporti aveva origine sul luogo di lavoro. È interessante notare che i messaggi mandati tra persone dello stesso sesso avevano più probabilità di raggiungere il destinatario.

In questo esperimento, come in quello originario, il numero di catene che raggiunsero l'obiettivo (cioè di e-mail che arrivarono al destinatario) fu relativamente basso. Sarebbe interessante sapere se le persone che riescono effettivamente a far recapitare con successo il messaggio al destinatario hanno caratteristiche in comune.

Il dottor Richard Wiseman, professore di psicologia all'Università dello Hertfordshire in Inghilterra, ex prestigiatore professionista e autore del libro *Fattore fortuna*, che ha recentemente ripetuto l'esperimento nel Regno Unito, ha una risposta interessante a questa domanda. I partecipanti che si erano rivelati più efficienti nel recapitare il proprio pacco al destinatario erano persone che si definivano fortunate, e si distinguevano anche per la loro capacità di mantenere una larga cerchia di rapporti sociali. Erano, inoltre, particolarmente entusiaste di usare le proprie conoscenze ai fini dell'esperimento.

In altre parole, se avete un pacco da mandare, forse potreste scoprire che la vostra rete di conoscenze è un bel po' più ampia di quel che credete; sta a voi sentirvi sicuri di voi stessi e utilizzarla. Il mondo, per parte sua, è abbastanza piccolo.

Parte seconda

Darwin S.p.A.

Un benvenuto alla psicologia evoluzionista

La psicologia evoluzionista è il punto di congiunzione tra la psicologia cognitiva e la biologia evolutiva. Le sue teorie ci aiutano a comprendere la nostra posizione nel mondo con maggiore chiarezza. Inoltre, secondo la psicologia evoluzionista, gran parte dei comportamenti umani è dovuta alla selezione naturale teorizzata da Darwin: la prudenza negli affari, l'odio per gli insetti, la tendenza a non avanzare il cibo nel piatto, le nostre preferenze sociali e sessuali... quello che vi pare.

Una delle tappe scientifiche più significative raggiunte negli ultimi anni è stata la decodificazione del genoma umano. Le ricerche condotte ci hanno rivelato molto sulla nostra posizione all'interno del regno animale. All'atto di mettere a confronto il genoma umano con quello del nostro parente più prossimo, lo scimpanzé, fu scoperto che erano quasi identici, per la precisione al 98,76 per cento. È stato un duro colpo inferto al sentimento di superiorità che proviamo nei confronti di tutte le altre creature, e che tanto ci è gradito. Ma anche una volta riconosciuta la nostra umile condizione, ci ritroviamo a fare i conti con un problema di difficile soluzione: in che cosa consiste quell'1,24 per cento di genoma restante che ci distingue dalle scimmie? Se è vero che la nostra padronanza del linguaggio ci permette di scrivere (abilità esclusivamente umana) un'opera sugli scimpanzé, è altresì vero che non è questa la differenza fondamentale. Ciò che distingue veramente l'essere umano dai suoi antenati è la capacità di viaggiare mentalmente nel futuro. L'uomo è l'unica creatura vivente che riesce a immaginare situazioni future che non siano la conseguenza immediata del presente. Si tratta di un dono straordinario che possediamo da un tempo relativamente breve; risale a circa 3 milioni di anni fa, in termini evolutivi un batter di ciglia (ricordiamoci che il primo cervello è apparso sulla terra 500 milioni di anni fa). Da allora la massa del cervello umano è raddoppiata, e il lobo frontale, quello che ci permette di pensare al futuro e di fare progetti, è diventato molto più complesso.

Non abbiamo ancora scoperto esattamente come si sviluppò questa capacità, ma sappiamo che è quella che ci permette di provare fiducia e gioia. La nostra capacità di immaginare il futuro ci consente di fidarci di un'altra persona, perché speriamo che in qualche momento futuro questa ci contraccambi; ci permette anche di programmare la nostra vita e di prendere decisioni che ci avvicinano ai nostri obiettivi. Gran parte della felicità che proviamo giunge a noi proprio dall'immaginare il futuro.

Ma essere in grado di immaginare diverse possibilità comporta un'altra importantissima conseguenza: l'uomo è l'unica creatura consapevole dell'inevitabilità della propria morte. Tutta la mitologia (quando non descrive scaramucce fra dèi che si fanno i dispetti a vicenda secondo modalità che ricordano un po' troppo da vicino i mortali) è incentrata sulla lotta dell'uomo per diventare immortale.

L'eredità culturale dell'umanità (la letteratura, l'arte, la musica) si ridurrebbe a ben misera cosa se non fosse per la nostra consapevolezza che dobbiamo lasciare un segno prima di essere spazzati via dalla faccia della terra. Anche i grandi imprenditori e operatori del mondo della finanza sono mossi dal bisogno di lasciare la propria impronta sulla sabbia. Per molti di loro il denaro è secondario rispetto a questo desiderio; per lo più lo considerano uno strumento per misurare i propri successi. Ovviamente, neanche questo libro sarebbe mai stato scritto se avessi il dono della vita eterna.

Grazie alle mie incursioni nella psicologia evoluzionista ho potuto anche prendere coscienza di quanto è modesta la nostra posizione nel mondo. Se c'è una cosa che rende umili è pensare al mondo in termini cosmici. Immaginiamoci, tanto per fare, che la terra sia stata creata in un solo giorno: seguendo questa fantasia la nostra specie sarebbe venuta al mondo solo negli ultimi due secondi. Quanta arroganza può accumulare una creatura tanto insignificante?

In termini evolutivi i pensieri che riempiono le nostre giornate e ci impediscono di dormire di notte esistono da una frazione di secondo. L'idea dell'«amore romantico», così come lo conosciamo oggi, esiste da seicento anni; la teoria della probabilità su cui si basano molte strategie di mercato solo da trecento; il materialismo che è il fondamento dell'attuale economia consumistica da meno di duecento. E il concetto di «carriera» ha iniziato a svilupparsi nella sua forma attuale soltanto centocinquant'anni fa.

L'umiltà è la dote che ammiro più di qualunque altra, in particolare nelle persone che hanno avuto successo. In un mondo in cui il successo è tutto, ci vuole una grandissima forza spirituale per rimanere umili. Anche se ho lavorato molto su me stesso per sconfiggere la mia arroganza, so che la strada è ancora lunga. Ora posso ammettere che molte delle mie idee migliori, anche quelle che ho scritto in questo libro, sono mutuate da idee di altri. Sono anche consapevole che «l'umiltà è come le mutande: ci vogliono, ma non si devono vedere». E per amore di umiltà, appunto, aggiungerò che questa frase non è mia, ma della scrittrice Helen Nielsen.

Sebbene la superiorità dell'uomo sullo scimpanzé sia riconosciuta da tutti, quando si tratta di affari, sono proprio i geni che abbiamo in comune con la scimmia a entrare in gioco.

Chiunque creda, come me, che la storia dell'evoluzione influenzi i nostri comportamenti, non si sorprenderà nell'apprendere che la parte più antica del nostro cervello, quella che si occupa di programmare le nostre azioni, ha la meglio sulle parti più nuove, quelle preposte alle decisioni cognitive. Questo succede in tutti i campi, compreso quello degli affari. E la comprensione dei meccanismi evolutivi ci fornisce gli strumenti per capire perché talvolta ci comportiamo in modo da andare contro i nostri interessi.

L'evoluzione si basa su due pilastri fondamentali che determinano ogni nostro atto: sopravvivenza e riproduzione.

La sopravvivenza è il principio evolutivo che obbliga il nostro cervello a restare sempre all'erta di fronte a possibili pericoli. L'abilità dei nostri antenati nell'identificare velocemente un pericolo spesso li salvava dalla morte. Ma l'istinto della sopravvivenza, impresso nel nostro cervello milioni di anni fa, ostacola la capacità di fare buone scelte negli investimenti. Madre natura se ne infischia delle probabilità. Per i nostri antenati, prendersi il tempo per calcolare la probabilità di una potenziale minaccia avrebbe significato quasi certamente la morte. Per la natura facciamo meglio a preoccuparci delle 99 potenziali minacce che non si verificheranno piuttosto che non pianificare l'unica che potrebbe materializzarsi davvero.

Insomma il nostro istinto ci dice che, se percepiamo una minaccia là dove non c'è, la natura non ci penalizza; se abbiamo sbagliato è accaduto per il bene ultimo della sopravvivenza. Da un punto di vista evolutivo, non siamo attrezzati per identificare le tendenze del mercato e le potenziali minacce che possono provenire dal mondo economico, mentre siamo programmati per definirle prima che si cristallizzino in una forma. L'atteggiamento primordiale che ci fa prendere decisioni impulsive in affari dipende dal bisogno di ridurre al minimo i rischi, di salvaguardare le nostre risorse e di attribuire importanza agli eventi negativi che potrebbero rappresentare un pericolo. Non importa se rischiando abbiamo più probabilità di guadagnare o se le possibilità che una minaccia si concretizzi sono molto basse. Questa parte del nostro cervello non si occupa delle probabilità, specialmente se negative. Il nostro cervello primitivo, inoltre, non è attrezzato per gestire situazioni in cui sono mischiate emotività e razionalità.

È la parte emotiva della nostra mente a controllare la presenza di potenziali pericoli, e il suo tempo di reazione è doppio rispetto a quello della parte razionale. Quando compriamo o vendiamo quotazioni, per esempio, usiamo la ragione. La natura ci compensa quando identifichiamo il pericolo per tempo (talvolta prematuramente) e si preoccupa della sopravvivenza più che di un eccesso di prudenza. Eppure, negli affari avviene il contrario: il mercato ci penalizza quando agiamo in maniera impulsiva. In un mondo che annega nelle informazioni, non di rado capita di pensare (erroneamente) di aver identificato una tendenza, o di reagire in modo eccessivo proprio a causa di un surplus di dati.

Il principio della sopravvivenza spiega anche la nostra singolare capacità di identificare il tradimento. Centinaia di migliaia di anni fa, ai tempi in cui i nostri antenati vagavano per la savana africana, era essenziale essere in grado di identificare nel gruppo l'elemento che si approfittava della tribù senza fornire niente in cambio. Allo stesso tempo, ugualmente utile era l'abilità di fare il doppio gioco.

Il rapporto tra il secondo principio dell'evoluzione (la riproduzione, con la connessa attività sessuale) e la felicità non necessita di spiegazioni. Tuttavia, in termini evolutivi la riproduzione si definisce come la possibilità di avere a disposizione compagni sani e adeguati alle circostanze. L'evoluzione ci impone di riprodurci il più possibile, facendo sì che i nostri geni (i portatori delle nostre caratteristiche peculiari) siano trasmessi al maggior numero possibile di nuovi individui. Il nostro successo in questo senso è la traduzione pratica della selezione naturale, il processo evolutivo che favorisce i sopravvissuti. Più i geni di una persona vengono diffusi in una popolazione più questa persona si potrà considerare «di successo».

Potremmo interpretare la necessità di migliorare il nostro status, un imperativo nella nostra società, come un mezzo per avere un bacino più ampio di possibilità di accoppiamento. Anche in questo non siamo poi così diversi dagli scimpanzé, che arrivano ad attaccare (e perfino a uccidere) se qualcuno minaccia la loro posizione sociale.

Sono convinto che la psicologia evoluzionista sia in grado di spiegare molte nostre decisioni, specialmente quelle sbagliate. Penso inoltre che questa nuova branca della scienza sia importante anche sotto molti altri aspetti. Se questo libro tratta per lo più della libertà di scelta che ci rimane, la psicologia evoluzionista sostiene invece che la libera scelta in verità non esiste. Quando prendiamo una decisione noi pensiamo forse di scegliere liberamente, ma la verità è che i nostri antenati stanno scegliendo per noi.

Attenzione: selezione naturale in corso

> L'Uomo, a dispetto di tutte le sue nobili qualità, della sua simpatia verso gli esseri più degradati, della sua benevolenza non solo nei confronti degli altri uomini ma della più umile delle creature viventi; a dispetto del suo intelletto degno di un dio, che ha penetrato i segreti del moto e della composizione del sistema solare; a dispetto di tutte queste altissime capacità, l'Uomo reca ancora nella sua costituzione corporea lo stampo indelebile della sua vile origine.
>
> CHARLES DARWIN
> *L'origine dell'uomo*

Investimento inopportuno in agguato

Guardate in cielo e perdetevi con lo sguardo nelle nuvole. Che cosa vedete? «A piacer vostro» direbbe Shakespeare nel terzo atto dell'*Amleto*. Ecco una conversazione tra il principe di Danimarca e Polonio, il padre di Ofelia:

AMLETO: Vedete laggiù quella nuvola che sembra un cammello?
POLONIO: Sacripante! È un cammello davvero!
AMLETO: O forse somiglia a una donnola.
POLONIO: Infatti, ha la forma di donnola.
AMLETO: Non ti pare una balena?
POLONIO: Tale e quale, una balena.

Shakespeare conosce bene la tendenza dell'uomo a cercare nel mondo che lo circonda una forma o un disegno che abbia un significato. In realtà questa nostra abilità è radicata in un bisogno antico ed elementare. La selezione naturale premia quei comportamenti che ci danno una maggiore possibilità di sopravvivenza, e saper riconoscere il profilo di qualcosa di potenzialmente pericoloso (per esempio di un animale feroce), e agire di conseguenza, ha costituito uno strumento importante nella lotta per l'esistenza ingaggiata dal nostro antico progenitore, una questione di vita o di morte. Tuttavia, la natura non riteneva necessario far pagare un prezzo troppo alto a chi vedeva pericoli dove non ce n'erano: in termini di sopravvivenza, insomma, meglio molti falsi allarmi che un solo caso in cui un pericolo reale non viene riconosciuto.

E, grazie alla sua capacità di riconoscere una forma, il cervello umano ha imparato a trarre conclusioni e a prendere decisioni istantanee. La natura premia chi sopravvive con una prole provvista dello stesso corredo genetico, in cui questa abilità non deve mancare. Insomma, siamo al cuore stesso del darwinismo, al principio più travolgente della selezione naturale: la legge dell'entropia, secondo la quale un determinato sistema tende più facilmente a perdere che a mantenere la propria struttura. Così, per abbassare il costo altissimo dell'apprendimento, la selezione naturale insiste molto nel codificare geneticamente i dati cognitivi più importanti.

Questi dati spesso affiorano in noi sotto forma di un comportamento che tendiamo a considerare intuitivo, o euristico, il quale privilegia la connessione tra la mente e l'occhio. Cartesio sostiene che «... è l'anima, e non l'occhio, a vedere». La facilità con cui il cervello svia l'occhio non poteva esemplificarsi meglio che nel dialogo dell'*Amleto* appena citato.

Alcune ricerche indicano che, nella fase in cui il cervello assimila la forma cui dà particolare significato, esso tende più facilmente a darne un'interpretazione negativa che positiva. Gli studiosi leggono questa tendenza come un ritorno a comportamenti primordiali che ci avvertono di non ignorare possibili esiti pericolosi, potenzialmente costosi in termini di sopravvivenza.

E difatti, quando permettiamo ai nostri pensieri di correre liberi in un flusso di coscienza, ci accorgiamo che è più facile soffermarsi su quelli negativi, i quali, assai più dei pensieri positivi o neutri, sono in grado di attrarre e mantenere la nostra attenzione. È così che ci ha plasmati il nostro creatore per proteggerci da possibili pericoli.

I guai cominciano quando il mondo intorno a noi presenta un numero vastissimo di forme: profili e numeri, per esempio, molti dei quali non si portano dietro significati particolari se non per coincidenza. Il filosofo e matematico Frank Ramsey dedicò la propria, seppur breve, vita (morì nel 1930 all'età di ventotto anni) a studiare il caos. Egli sostenne che in qualsiasi esempio di disordine esiste in realtà un problema di scala, e che tutti gli oggetti matematici sono rinvenibili, a patto di scandagliare un universo sufficientemente grande. Carl Sagan, astronomo, scrittore e conduttore della serie televisiva americana *Cosmos*, sostiene che spesso le persone, alzando gli occhi verso il cielo e vedendo, per esempio, otto stelle che formano una linea quasi diritta, hanno la tentazione di credere che quegli astri siano stati messi così per formare una sorta di faro galattico che indica la via da percorrere. In realtà, dice Sagan, se osserviamo un numero di stelle abbastanza grande, è possibile vedere praticamente qualsiasi cosa desideriamo, per esempio i segni dello zodiaco. Ecco la teoria di Ramsey messa in pratica.

Un esempio calzante si può rinvenire nella «serie di Ramsey», spesso usata per i concorsi di matematica. Se si mettono in un ordine qualsiasi i primi 101 numeri interi, sarà sempre possibile trovare 11 numeri di seguito che formino una serie ascendente o discendente (non necessariamente numeri contigui). In altre parole, la probabilità di trovare una forma dipende notevolmente dalle dimensioni e dall'ampiezza del campo che stiamo osservando.

E, dunque, che cosa abbiamo tra le mani? Da una parte, una creatura di una certa intelligenza, dotata geneticamente del bisogno e della capacità di riconoscere forme; dall'altra, un campo statistico infinito che crea forme infinite, molte delle quali assolutamente prive di significato. Se questa creatura provvista di intelligenza per giunta investe denaro in borsa e fonda le proprie decisioni sulla capacità di riconoscere un disegno nei comportamenti del mercato, è chiaro che è destinata senza dubbio all'incidente finanziario: in questo caso potrebbe essere la decisione di comprare o vendere azioni prima del dovuto perché convinta di riconoscere un modello di comportamento della borsa che in realtà non esiste. Poiché il cervello tende a trarre conclusioni negative, gli errori cognitivi saranno tutti nella direzione del pessimismo e del cinismo, con conseguente vendita.

Mettiamo che in linea di principio abbiate deciso che venderete determinate azioni dopo che sono scese per cinque giorni di seguito. Le probabilità statistiche che ci si imbatta in questo specifico modello sono piuttosto alte: succede all'incirca una volta ogni sei settimane. Se vendete, quasi sicuramente sarà per le ragioni sbagliate, visto che il disegno che avete identificato era casuale. La natura forse non punisce chi riconosce le forme sbagliate, ma una perdita sul mercato finanziario è un castigo assai comune.

Le probabilità di commettere un errore di valutazione in borsa sono il punto d'incontro tra due universi: il nostro corredo genetico, che va a caccia di modelli e forme, e la statistica, massima creatrice di modelli casuali. Il punto di convergenza è noto a tutti coloro che hanno giocato in borsa, e viene detto *overconfidence*, vale a dire l'eccesso di sicurezza nelle proprie capacità di valutazione.

L'*overconfidence* è la caratteristica che, secondo le ricerche scientifiche, fa sì che l'80 per cento di noi pensi di essere un guidatore migliore della media, di vivere più a lungo della media, di avere più senso dell'umorismo della media. Grazie all'*overconfidence*, il 70 per cento degli avvocati è convinto che i propri argomenti siano più forti di quelli dell'avversario. Tra parentesi, si tratta di uno stato d'animo che attecchisce facilmente laddove un eccesso di informazioni si accompagna a minime possibilità di verifica: la goccia che fa traboccare il vaso.

L'*overconfidence* non è un comportamento irrazionale nel mondo della finanza. Genera credibilità. Saper utilizzare appieno le informazioni (anche se non sono corrette) e dimostrare sicurezza e intraprendenza sono utili a conferire un alto valore sociale, ma portano con sé la tendenza a sopravvalutare le proprie capacità di previsione, a riconoscere un disegno ben preciso dove il tutto è aleatorio, o a trarre conclusioni sbagliate sulle cause di eventi casuali. Purtroppo, la profonda conoscenza della statistica, che ci permetterebbe di evitare incidenti di questo tipo, non va di pari passo con l'abilità nei rapporti sociali.

Non è di per sé la tendenza a riconoscere modelli dove non sono presenti a essere un problema: sono le conclusioni che se ne traggono e le azioni che intraprendiamo di conseguenza. L'*overconfidence* funge da detonatore e trasforma il pensiero in azione, causando l'errore finanziario.

Dell'arroganza tipica di questo mondo, gli uomini se ne prendono la fetta più consistente. Le donne, a parità di situazione, sono più brave a investire.

E, dunque, esiste un modo per evitare questi incidenti? Sapere che si tende all'*overconfidence*, e adeguarsi tenendo un comportamento umile, sarebbe già un bel passo avanti. Il fondatore della CNN, Ted Turner, a quanto sembra, quel passo non l'ha compiuto. Una volta affermò: «Se soltanto avessi un briciolo d'umiltà sarei perfetto».

I primogeniti non sono mai giocatori d'azzardo

In quanto figlio unico, mi sono spesso chiesto come sarebbe stata la mia vita se da bambino avessi avuto uno o più fratelli o sorelle. In una diversa veste mi si ripresentò la stessa domanda quando, con il professor Carlo Strenger dell'Università di Tel Aviv detti inizio a una ricerca sullo spirito imprenditoriale. Il nostro intento era scoprire una caratteristica che accomunasse gli uomini d'affari di successo. L'ordine di nascita fu una delle variabili prese in considerazione durante i colloqui, ma le persone intervistate erano troppo poche perché si potesse giungere a una conclusione precisa riguardo al rapporto che intercorre tra l'ordine di nascita e l'affascinante questione se imprenditori si nasca o si diventi.

Chi crede alla prima ipotesi è suffragato dalle ricerche scientifiche più recenti, tra le quali quella ricordata dal dottor Peter J. D'Adamo nel suo libro *L'alimentazione su misura*. In quest'opera D'Adamo sostiene che negli Stati Uniti le persone che si sono costruite da sole una carriera hanno quattro volte più probabilità della media di appartenere al gruppo sanguigno B. Ma anche chi è convinto che lo spirito imprenditoriale sia innato non può ignorare che un numero sorprendente di Presidenti degli Stati Uniti e di Primi ministri inglesi sono stati primogeniti, e che le teorie rivoluzionarie nel campo della scienza, della cultura e dell'arte sono con maggior probabilità dovute a figli mezzani o ultimogeniti.

La ricerca non ha scandagliato a sufficienza il mondo dell'imprenditoria, così questo nesso ancora ci sfugge. Ciononostante, da centinaia di colloqui di cui mi sono occupato ho avuto l'impressione che un rapporto, benché complesso, esista. In generale, credo di poter affermare che i figli maggiori sono più tagliati per i ruoli manageriali, mentre i minori hanno un successo più evidente nell'attività in proprio. Si tratta di una generalizzazione tratta dalla mia esperienza, e naturalmente vi sono eccezioni, alcune delle quali mi hanno fatto perdere ottime occasioni d'affari.

E a tal proposito la scienza che dice? Come al solito, dipende da chi interpelliamo, se un sociologo, uno psicologo o uno psicologo evoluzionista, il cui lavoro di ricerca si fonda sulle teorie di Darwin.

Il punto di vista del sociologo è rappresentato da Dalton Conley nel suo libro *The Pecking Order: Which Siblings Succeed and Why* («Gerarchia: quali fratelli e sorelle hanno successo e perché»), che utilizza i dati raccolti dall'Ufficio del censimento degli Stati Uniti e da colloqui con famiglie americane. Conley sostiene che i figli di mezzo hanno meno probabilità di ricevere il sostegno economico necessario per continuare la propria istruzione: all'arrivo di un fratello minore le probabilità che frequentino una scuola privata calano del 25 per cento, mentre quelle di venire bocciati aumentano di parecchio. L'ordine di nascita, dunque, è molto importante, non solo come fattore psicologico, ma nell'incidenza che ha sull'aumento delle spese sostenute dalla famiglia. La ricerca di Conley è una novità, perché sostiene che la famiglia, ben lungi dall'essere un rifugio dall'ingiustizia come tutti pensiamo, è invece la prima fonte di disuguaglianza. Per quel che interessa la nostra ricerca, manca il nesso, mai stato provato, tra istruzione privata e spirito imprenditoriale. Inoltre, la maggior parte degli uomini d'affari da me intervistati non ha una laurea o, se ce l'ha, è di rado di un'università prestigiosa.

La famiglia come risorsa è esattamente il punto di partenza dell'intelligente e originalissimo libro di Frank Sulloway, *Fratelli maggiori, fratelli minori: come la competizione tra fratelli determina la personalità* (1998). Sulloway, però, segue la concezione dei rapporti familiari di tipo evoluzionista di cui ho parlato in precedenza, secondo la quale l'attenzione dei genitori sarebbe un bene disponibile in quantità limitata, per cui i figli lottano. L'autore sostiene che i primogeniti si identificano naturalmente con il potere e l'autorità. In quanto primi a entrare nella struttura familiare, sfruttano il fatto che sono più grandi e più capaci per mantenere la propria posizione. I primogeniti sono più risoluti e prepotenti dei fratelli minori; sono più ambiziosi, ci tengono di più alla propria posizione, sono più conservatori e sicuri di sé. I fratelli minori, d'altro canto, partono da una posizione di inferiorità, e quindi mettono in discussione lo status quo sfidandolo e sviluppando una personalità ribelle. Come scienziati, per esempio, contestano le teorie esistenti per presentarne o sostenerne di nuove. Ma come accade? Che cosa, nella dinamica familiare, li porta a questo?

Secondo i darwinisti, la personalità è la somma delle strategie che una persona adotta durante la giovinezza per sopravvivere e, più tardi, per riprodursi. La rivalità tra fratelli, sostengono, altro non è che il tentativo di sopravvivere con successo all'infanzia.

Nella gara per quel bene limitato che è l'attenzione dei genitori, i fratelli mettono a punto strategie che dipendono in varia misura da sesso, differenza di età e ordine di nascita. Nelle fasi successive dell'esistenza, dicono i darwinisti, i fratelli continuano a utilizzare le stesse strategie, anche nel mondo degli affari.

«Può accadere che un figlio che ha perso il suo potere, il piccolo regno sul quale era signore, capisca più di un altro l'importanza del potere e dell'autorità.» Così Alfred Adler, un secondogenito, nonché allievo (ribelle) di Freud, definiva i sentimenti di un figlio maggiore che si ritrova con un fratello o una sorella.

Visti in questa luce, i figli primogeniti sono i maschi alfa delle società dei primati, le superscimmie. La loro strategia è chiara, e mira al predominio. Sono i futuri consiglieri delegati, gli uomini politici. I loro fratelli più giovani, così come avviene presso i primati, lavorano sodo fin dall'infanzia per migliorare la propria posizione e le proprie abilità nel collaborare con il gruppo. La tendenza al predominio e quella alla collaborazione sono due strategie di fondo entrambe create e riprodotte in centinaia di forme diverse di selezione darwiniana; né l'una né l'altra è necessariamente migliore, ed entrambe possono condurre al successo.

Tuttavia, la propensione alla socialità e alla collaborazione è soltanto una delle strategie adottate dai non primogeniti. Nella battaglia per l'attenzione genitoriale, essi devono crearsi una nicchia, tutta loro. La via più semplice che hanno a disposizione è quella della divergenza, strategia che viene naturale ai fratelli più giovani, visto che li porta in aree al di fuori del territorio dei primogeniti, riducendo la competizione. In questo modo è probabile che riescano a ottenere la bramata approvazione dei genitori, o almeno a rendersi più indipendenti. Si può affermare che i figli non primogeniti sono mediamente più curiosi e aperti alla sperimentazione (nel nostro caso, nel tentativo di creare una strategia che li distingua dai fratelli maggiori) e pronti a rischiare. Sono loro i ribelli, gli innovatori, e anche le persone che hanno una tendenza al lavoro di gruppo. Che si tratti anche dei futuri imprenditori disposti a rischiare in proprio?

Frank Sulloway non si è occupato degli uomini d'affari, ma è possibile estrapolare qualcosa dalla sua ricerca. Egli ha raccolto diligentemente una mole di dati riguardanti le vite di 3890 scienziati e studiosi dei secoli diciottesimo e diciannovesimo, con l'intento di capire quanto ciascun personaggio accettasse teorie nuove, che abitudini avesse quando viaggiava (molti erano naturalisti), ecc. Ma, soprattutto, Sulloway classifica i suoi soggetti in base all'ordine di nascita. La sua impressionante banca dati comprende 83 coppie di fratelli, un campione notevole, che permette di analizzare fattori quali la propensione al nuovo nei membri di una stessa famiglia.

I risultati della ricerca non possono non venire considerati eccezionali in base a qualunque standard scientifico. Le probabilità che un figlio non primogenito sostenga una teoria nuova sono 7,3 volte più alte di quelle di un primogenito della stessa famiglia. Una scoperta tanto interessante, sostiene Sulloway, spiegherebbe la feroce opposizione alle teorie darwiniane da parte degli scienziati francesi dell'Ottocento. Nel 1859, anno di pubblicazione dell'*Origine delle specie*, in Francia vi era una media di 1,1 figli per famiglia, contro il 2,8 degli altri paesi. In altre parole, la stragrande maggioranza di ricercatori francesi di quel tempo sarebbe stata composta di figli unici, o primogeniti, di conseguenza conservatori. È così che nascono le leggende sul carattere specifico di questa o quella nazione.

Il vasto studio di Sulloway prende anche in considerazione il rapporto tra l'ordine di nascita e la propensione al rischio. È importante notare che, da un punto di vista darwiniano, il rischio ha un costo ragionevole in una situazione in cui le probabilità di sopravvivenza e di riproduzione sono basse. L'audacia può dunque essere una strategia utile per ritagliarsi quella nicchia speciale che ci consente di attrarre l'attenzione dei genitori.

Lo svantaggio di lavorare su un numero consistente di soggetti del diciannovesimo secolo è che non possono dire la loro; per questo motivo Sulloway ha deciso di sostituire l'elemento del rischio con un altro fattore più misurabile: la volontà di questi studiosi di intraprendere viaggi di ricerca. In fin dei conti, le spedizioni scientifiche dell'Ottocento erano spesso irte di pericoli. Il *Beagle*, la celeberrima nave di Charles Darwin, perse almeno cinque dei suoi uomini durante il viaggio, dal 1831 al 1836, e Darwin stesso si ammalò gravemente più di una volta nel corso della navigazione. Per dirla in modo brutale, a quei tempi un viaggio fino ai quattro angoli del globo rappresentava un ottimo mezzo per accorciare la propria aspettativa di vita.

Anche in questo caso i risultati sono stati chiari e univoci. I figli minori erano due volte più pronti a rischiare la vita dei loro fratelli primogeniti. Gli ultimi nati poi erano ancora più audaci, ben tre volte più dei primogeniti. Darwin stesso, quinto di sei fratelli, accettò di partire con il *Beagle* in seguito al rifiuto del suo maestro, John Stevens Henslow, il quale a sua volta era, come possiamo aspettarci, un primogenito.

Questo per quanto riguarda il darwinismo. E l'atteggiamento degli psicologi potrà dare un nuovo spunto al dibattito? Un buon punto di partenza potrebbe essere il lavoro dell'autorevole psicologo dell'infanzia Kevin Leman, statunitense, il quale ha pubblicato parecchi libri in proposito. Secondo Leman, i primogeniti tendono a essere conservatori, pignoli e perfezionisti. I figli di mezzo, schiacciati fra i grandi e i piccoli, tendono a cercare approvazione al di fuori dell'ambito familiare, e gli ultimi arrivati possiedono le doti sociali più spiccate, mentre, sostiene lo studioso, i figli unici hanno le stesse caratteristiche dei primogeniti.

Nel 1977 il dottor Leman condusse un esperimento su questo tema, sia pure su un campione piuttosto ristretto (31 partecipanti). Secondo l'Ufficio del censimento degli Stati Uniti, le probabilità di essere figli unici o primogeniti sono del 49,2 per cento, di essere un figlio minore del 32,8, mentre quelle di essere un figlio di mezzo sono del 18. Il dottor Leman ha scoperto che, di tutte le persone che lavorano in proprio, più del 50 per cento (vale a dire tre volte il loro numero su tutta la popolazione) è costituito da figli mediani, mentre solo il 40, cioè la metà del loro numero nella popolazione, sono primogeniti o ultimogeniti.

I figli maggiori, sostiene Leman, amano lo status quo e lavorano volentieri all'interno di un'organizzazione. Invece i figli mezzani tendono a staccarsi di più dalla famiglia, e a identificarsi in situazioni esterne, vale a dire, parlando di affari, a trovare il proprio appagamento al di fuori dell'organizzazione.

Un'ulteriore scoperta interessante riguarda i figli minori. Mentre gli altri fratelli trovano lavoro in tutti i settori, i figli minori tendono nella stragrande maggioranza (80 per cento) a essere impiegati nel terziario. È noto che gli ultimogeniti hanno ottime doti interpersonali, che sono naturalmente alla base di qualsiasi attività di servizi.

In occasione di un altro sondaggio, di carattere non ufficiale, Leman ha studiato l'ordine di nascita degli appartenenti a una sede del CEO Club. Dei 224 membri, soltanto 4 erano figli mediani. Quasi tutti gli altri erano primogeniti o figli unici.

Perché mai, dunque, i figli maggiori non amano il rischio? Una delle teorie psicologiche in cui mi sono imbattuto (peraltro non del tutto convincente) sostiene che i giocatori d'azzardo sono per la stragrande maggioranza figli minori che, avendo perso la battaglia per l'attenzione dei genitori, si consolano al pensiero che le loro sconfitte dipendono dal tradimento della fortuna e non dalla loro inferiorità nei confronti dei fratelli maggiori.

E se siete alla ricerca di un buon amministratore delegato e il vostro ufficio si basa su curriculum di una riga, fate particolare attenzione all'ordine di nascita dei vostri candidati. La scelta migliore che possiate fare è un primogenito. Ma se siete alla ricerca di una figura che debba assumersi la responsabilità di scelte rischiose, potrebbe convenirvi un fratello minore, di certo non un primogenito.

La fiducia paga?

Se rivolgete questa domanda a chi si muove nel mondo degli affari, saranno in molti a rispondervi che la fiducia è determinante, che è la chiave di volta di qualsiasi transazione, nonché il motore primo del loro successo personale. Gli economisti sostengono da anni che la fiducia è un lubrificante indispensabile per gli affari, e il motore principale del capitale sociale. Nell'era dell'economia globale, senza fiducia è impossibile fare affari.

Tuttavia, se andiamo alla ricerca di citazioni che contengono la parola «fiducia», ci troviamo davanti a un quadro ben più fosco. Sei citazioni su sette sono un monito al lettore sulle conseguenze della fiducia, tra cui quello dell'umorista americano Peter Dunne Finley: «Fidati di tutti, ma ricordati di tagliare il mazzo».

Nel tentativo di colmare il divario tra la natura umana e il bisogno di fiducia che è necessario nel campo degli affari, lo studioso dotato di una certa curiosità finisce per imbattersi nei biologi esperti di evoluzionismo. Richard

Dawkins, autore del libro *Il gene egoista: la parte immortale di ogni essere vivente*, uno dei più importanti ricercatori in questo campo, riesce a gettare in effetti, almeno parzialmente, un ponte tra le due concezioni. Egli sostiene che l'uomo, senza alcun dubbio la gloria del creato, è ancora parte integrante del processo evolutivo ed è, di conseguenza, spinto dai più elementari impulsi primordiali: sopravvivenza e riproduzione. Nelle complesse circostanze della vita, concedere a un altro la propria fiducia (e ancor più adottare un comportamento altruistico) significa mettere a repentaglio le proprie possibilità di sopravvivere e, di conseguenza, quelle di riprodursi. O, per dirla con Dawkins, «se volete costruire una società in cui gli individui collaborino senza egoismi, non aspettatevi grande aiuto dalla biologia o dalla natura».

Tuttavia, gli esseri umani sono diversi dalle altre creature per la loro capacità di prevedere, in modo cosciente, il realizzarsi di un evento futuro. Siamo in grado di immaginare l'inevitabilità di un fatto a causa, o in mancanza, di una determinata azione. Questa dote ci permette di sacrificare un bisogno immediato per appagarne un altro i cui benefici si farebbero sentire a lungo termine. In altre parole, supponendo che il rischio verrà ripagato in futuro, l'immaginazione umana permette all'uomo di ribellarsi al proprio creatore e di scegliere, invece di un beneficio a breve termine, un'opzione che implichi fiducia, o addirittura la possibilità di fare concessioni agli altri.

Come si misura la fiducia che un individuo è disposto a concedere ai suoi simili? Recenti studi in questo campo rivolgono, per la maggior parte, una semplice domanda ai soggetti presi in considerazione: «Quale delle due seguenti opzioni è vera per voi? Ritenete che in linea di principio ci si possa fidare degli altri, o che sia meglio non fidarsi?». Questa classificazione si è rivelata molto utile in centinaia di ricerche portate avanti negli ultimi vent'anni.

I numerosi studi sull'argomento si possono dividere in

due categorie: quelli che analizzano la fiducia di un popolo o di una cultura sul piano collettivo e quelli che la esaminano su un piano personale.

La tendenza di un popolo a fidarsi

Nel maggio del 2005 il quotidiano inglese «The Guardian» condusse una ricerca fra i suoi lettori per indagare i valori morali dei cittadini britannici. La domanda sulla fiducia era la seguente: «I vostri amici più cari hanno subito un furto in casa. Secondo voi riferiranno con esattezza il valore degli oggetti rubati o lo gonfieranno per ottenere più soldi dall'assicurazione?».

Risultò subito chiaro che con «i vostri amici più cari» in realtà si intendeva «voi». Tirando in causa i «buoni amici» – persone appartenenti a un ceto sociale e demografico analogo, con un sistema di valori simile – il ricercatore ha più probabilità di ottenere una risposta sincera dall'intervistato, che si sente libero da implicazioni personali.

La buona notizia è che metà degli inglesi rifiuterebbe per principio di gonfiare per l'assicurazione il valore dei danni subiti. Quella cattiva è che due terzi dei giovani tra i 18 e i 24 anni lo farebbe tranquillamente, dando quindi prova di inaffidabilità; possiamo invece recuperare un po' di fiducia nelle persone oltre i 65 anni, che per i tre quarti hanno risposto in modo negativo. Ma la domanda posta dal «Guardian» avrebbe condotto a risultati diversi se fosse stata rivolta al pubblico di un altro paese, con una struttura socioculturale diversa, o anche a un pubblico britannico in un altro momento storico? Assolutamente sì, e le differenze sono stupefacenti: il livello di fiducia attribuito dai norvegesi ai loro amici nel 1995 è 20 volte superiore a quello accordato dai brasiliani (vedi grafico n. 4).

Per la gioia degli economisti, la fiducia paga. La maggior parte dei ricercatori concorda che a livello nazionale un atteggiamento fiducioso ha ripercussioni positive sul reddi-

4. Fiducia, reddito, cultura e religione

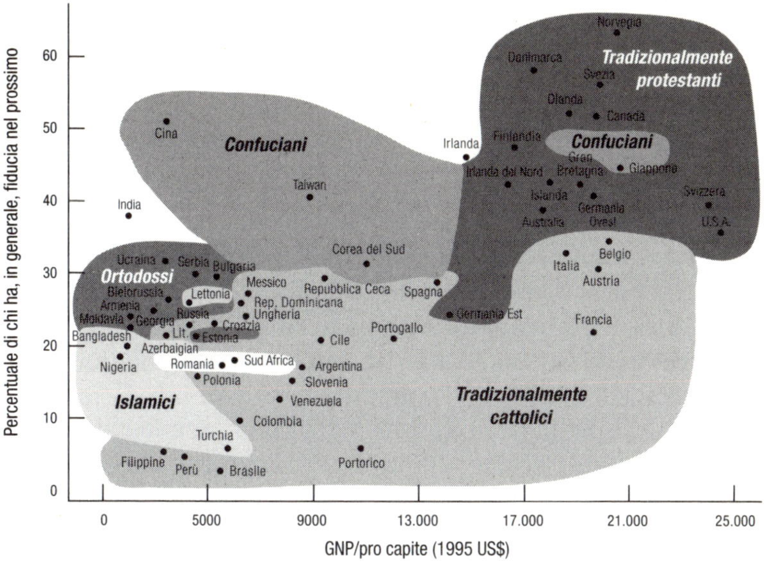

to: il rapporto tra il grado di fiducia interpersonale che caratterizza un paese e il suo benessere economico risultante dall'indice GNP (PNL, prodotto nazionale lordo) pro capite è alto, più dello 0,6 per cento. Gli Stati Uniti rappresentano lo spartiacque: un grado di fiducia interpersonale dello 0,35 significa che il 35 per cento degli americani ritiene la maggioranza delle persone degna di fiducia. Se vi sembra una proporzione bassa, pensate che soltanto quarant'anni fa gli Stati Uniti godevano di un tasso di fiducia interpersonale del 60 per cento.

Come mai la cifra si è quasi dimezzata? La colpa, a quanto pare, è del ruolo implacabile sostenuto dai media, specialmente dalla televisione, negli ultimi decenni. L'alto livello di esposizione a quanti detengono il potere e al ben oliato meccanismo di critiche e controllo che si oppone loro non ispira fiducia. Infatti, sul grafico c'è uno stato che fa eccezione: in Cina il benessere economico è strettamente limitato, ma il grado di fiducia interpersonale è piuttosto alto. La posizione che questo paese ha sulla curva del grafico rafforza l'opinione che il suo potenziale sia ancora molto da sfruttare; se gli economisti che si interessano di questi fenomeni non sbagliano, la Cina raggiungerà il livello che le spetta di diritto sulla curva, come indicato dal rapporto tra fiducia e benessere economico.

Il vero dramma che si cela dietro a questi dati è che gran parte dei paesi ha poche possibilità di cambiare la propria posizione sul grafico, e questo perché intervengono due fattori totalmente inconciliabili tra loro: un circolo vizioso e uno virtuoso. Laddove vi è un buon grado di fiducia si innesca una risposta positiva, che a sua volta premia chi è disposto a correre rischi, portando a un aumento di ricchezza che in ultima analisi rafforza l'opinione generale secondo cui «la fiducia paga». I cittadini dei paesi più poveri, invece, si trovano di fronte a un circolo vizioso: siccome il tasso di fiducia, in base alle ricerche, è basso, per chi ha poche ricchezze di cui disporre fidarsi degli altri può rappresentare una scelta rischiosa. Queste due risposte di natura contraria coesistono, fornendo un'ulteriore spiegazione del problema più importante che tutto il nostro pianeta si trova a dover fronteggiare: il divario tra paesi sviluppati e paesi in via di sviluppo. Non sorprenderà dunque che, nelle sue ricerche pionieristiche sull'abisso che divideva l'Italia settentrionale da quella meridionale alla fine degli anni Cinquanta, Edward S. Banfield mettesse anche in evidenza i diversi gradi di fiducia interpersonale fra Nord e Sud.

Questa fiducia, tuttavia, è un valore culturale radicato nelle società molto prima della Rivoluzione industriale o degli importanti sviluppi economici dei secoli precedenti. Così diventa interessante indagare sulle differenze tra i vari paesi anche riguardo ad altre caratteristiche culturali, quali per esempio la religione. Il grafico n. 4 rileva che vi è una rapporto stretto tra il tasso di fiducia e la fede religiosa. Tredici dei diciotto paesi che si trovano in cima alla lista dei più fiduciosi sono a maggioranza protestante; tre sono di fede confuciana, uno induista e solo uno di tradizione cattolica (l'Irlanda). Dei tredici paesi che stanno in fondo alla lista, ben otto sono cattolici.

Come possiamo spiegare questa enorme spaccatura tra le varie denominazioni cristiane? Molto probabilmente dipende dal genere di controllo esercitato dalle differenti istituzioni religiose. Mentre la Chiesa cattolica è molto centralizzata e burocratica, i credenti protestanti hanno un maggior senso della comunità; le comunità, d'altra parte, godono di una certa autonomia, e la vicinanza incoraggia la fiducia. Non sorprenderà che i paesi protestanti il cui tasso di fiducia è basso facevano parte del blocco comunista, centralizzato, burocratico e autoritario.

Insomma, avere fiducia paga oppure no? Assolutamente sì. Mentre non accade sempre lo stesso per chi si dimostra onesto. L'onestà, ci spiega Edward L. Glaeser, della facoltà di Economia di Harvard, non paga in quei paesi in cui il tasso di fiducia interpersonale è basso, mentre conviene nei paesi dove è alto. Magra consolazione.

Dare fiducia, dicono le ricerche, promuove comportamenti onesti, il che significa che nei paesi con un alto tasso di fiducia vi è un maggior numero di cittadini – e dunque di uomini d'affari – onesti. E così si innesca un circolo virtuoso. A livello nazionale, fidarsi degli altri conviene economicamente, e questa caratteristica culturale ed etica si rafforza sempre di più, fino a divenire fondamento della società. A livello personale, invece, il discorso cambia notevolmente.

La tendenza di un individuo a fidarsi

Cercate di ricordare l'ultimo affare che avete concluso. O, più precisamente, l'istante della firma del contratto. Se ci sono state strette di mano, brindisi e se uno dei firmatari, nel caso di un affare di una certa entità, abbia magari lasciato la stanza per fare quattro chiacchiere con i giornalisti. A quel punto della trattativa i due firmatari possono dire di conoscersi abbastanza bene: i loro avvocati e contabili hanno vagliato tutti gli aspetti possibili, sono state messe a punto tappe finanziarie precise e, nel caso in cui si dovesse verificare lo scenario peggiore, e una delle parti contraenti non dovesse onorare i propri obblighi, la parte offesa potrà sempre ricorrere al tribunale per ottenere ciò che è stato pattuito, o il pagamento dei danni.

Abbiamo fatto l'esempio di un contratto d'affari tipo, notevolmente diverso dagli accordi volanti che contraiamo quotidianamente: dal prendere un taxi a noleggiare un furgone, a vendere un bene di nostra proprietà. Diversamente dal contratto descritto prima, per questi piccoli rapporti la conoscenza pregressa è limitata o addirittura inesistente, il concetto di strategia sul lungo periodo non ha alcuna rilevanza e non vi è praticamente alcun meccanismo atto a correggere gli errori. Il rischio è più alto: in termini economici, ma soprattutto da un punto di vista emotivo.

La capacità di colmare il divario tra la diffusa opinione che fidarsi è bene ma non fidarsi è meglio e l'attitudine degli uomini d'affari, per i quali la fiducia è un elemento centrale indispensabile per avere successo, è collegata alla capacità di distinguere tra i due diversi tipi di contratto: quello una tantum e quello sul quale si costruiscono rapporti.

Proprio per questi motivi, gli esperti comportamentisti si sono interessati agli accordi una tantum, concentrandosi sull'elemento emozionale del rischio così come viene sperimentato da chi sceglie di fidarsi e di mettere il proprio destino in mano ad altri. Il buonsenso dirà anche che non fidarsi è meglio, ma la ricerca fornisce notevoli testimonianze di casi in cui la fiducia paga.

Mentre gli esperimenti degli economisti partono dal presupposto che il comportamento umano è razionale e orientato alla massimizzazione dei guadagni, chi si occupa di scienze del comportamento sa che la natura umana è assai più complessa; l'avversione nei confronti del rischio, una percezione soggettiva del concetto di giustizia e la sensazione di venire discriminati sono soltanto alcune delle possibili distorsioni che possono impedire a una persona di comportarsi secondo schemi che gli economisti considerano razionali.

La ricerca svolta in questo campo si fonda per lo più su giochi in linea di massima semplici, che permettono a giocatori che non si conoscono di essere monitorati in varie situazioni dove è necessaria la fiducia. Questi giochi misurano altresì gli effetti della provenienza socioculturale sulle scelte individuali.

Per capire come funziona il primo gioco, immaginate per un momento di trovarvi in crociera nel Mar dei Caraibi. Siete appena approdati sulla spiaggia di un'isola incantevole, e l'ombra che incrocia i vostri passi si rivela essere quella di un fotografo del posto, che si guadagna da vivere scattando istantanee ai turisti. La sera, di ritorno alla nave, con la mente affollata di immagini e impressioni, non vi sorprenderà poi molto vedere una vostra foto su un banchetto accanto alla passerella che vi condurrà di nuovo sulla vostra imbarcazione. La foto del vostro volto sorridente nel sole dei Caraibi è particolarmente riuscita. «Quant'è?» chiedete. «Dieci» risponde il fotografo.

Centinaia di passeggeri salgono sulla nave. Manca poco alla partenza. Se volete comprare la foto, dovete decidervi: ora o mai più. Voi e il fotografo siete entrambi coscienti del particolare equilibrio di potere che si è instaurato. Da una parte, voi state per abbandonare l'isola per sempre, e dovete lanciargli una controproposta secca, senza margini di trattativa. Se il fotografo accetterà, pagherete quel prezzo e la foto sarà vostra. Se offrirete troppo poco, correrete il rischio che il fotografo se ne stacchi malvolentieri (anche se è chiaro che non saprebbe che cosa farsene), perché riterrà la vostra offerta ingiusta, o sminuito il suo prestigio professionale, o il vostro atteggiamento un brutto esempio per gli altri passeggeri in attesa di imbarcarsi. E dunque, nei pochi secondi che vi restano, quanto offrirete per questo ricordo speciale, quale sarà la vostra offerta secca, senza margini di trattativa? Nel momento in cui avrete fatto il vostro prezzo, il meccanismo innescato non dipenderà più da voi.

Il gioco dell'Ultimatum

La situazione dei Caraibi, che sicuramente vi sarà familiare perché ne avrete vissute anche voi di analoghe nella vostra esperienza quotidiana, è stata scelta dai comportamentisti come punto centrale di una delle più approfondite ricerche sulla fiducia mai svolte, da cui ha avuto origine un esperimento chiamato «gioco dell'Ultimatum».

Funziona così: due giocatori anonimi fanno testa o croce. Chi vince riceve in premio, diciamo, 100 dollari. Il vincitore decide quanto di questa cifra vuole offrire allo sconfitto, il quale può rifiutare o accettare. Se il perdente accetta, il denaro è diviso secondo gli accordi presi, mentre se rifiuta né l'uno né l'altro avrà nulla. Entrambi i giocatori conoscono le regole del gioco.

Se foste il vincitore come vi comportereste? A dare retta agli economisti, cerchereste di massimizzare le vostre vincite offrendo il meno possibile. Essi credono nella razionalità dei comportamenti; secondo loro, il perdente dovrebbe accontentarsi di quel che gli viene offerto. Di fatto, una ricerca prova che questa strategia funziona soltanto nelle società primitive (Papua Nuova Guinea, Mongolia, foreste pluviali ecc.), e un'altra ha rilevato la sua efficacia presso i bambini molto piccoli. Nella stragrande maggioranza dei casi presi in esame, invece, questo atteggiamento finisce per lasciare entrambi i giocatori a mani vuote.

E voi? Quanto sareste disposti a offrire al vostro avversario sconfitto? Apparirà subito evidente che la vostra risposta dipenderà da sesso, retaggio culturale, livello di istruzione e di testosterone, e un gran numero di altre variabili, ma soprattutto dal grado di fiducia negli altri che vi caratterizza.

Quasi tutti coloro sui quali l'esperimento è stato condotto offrivano tra il 40 e il 50 per cento della somma vinta. Metà degli sconfitti rifiutava offerte inferiori al 20 per cento.

Il gioco del Dittatore

Supponiamo per un istante che decidiate di dividere la vincita a metà con il perdente, un'offerta generosa. In che misura una decisione del genere è frutto di altruismo, e quanto di un ragionamento strategico (perché vi aspettate la stessa cosa dal vostro avversario)? In altre parole, fino a che punto la decisione di mollare 50 dollari dipende dalla paura che un'offerta più bassa verrebbe rifiutata, causando una perdita anche a voi?

Un modo per rispondere a questa domanda (per lo meno in laboratorio) è quello di presentare un secondo gioco, il più semplice possibile in questo contesto. Si chiama il «gioco del Dittatore», e le regole sono le seguenti: due giocatori fanno testa o croce, e il vincitore deve dichiarare quanto della sua vincita desidera dividere con lo sconfitto (potrebbe non voler dividere alcunché). Il perdente deve accettare qualsiasi cosa il vincitore decida di dargli, anche niente. Fine del gioco.

Qui non c'è spazio per strategie, dal momento che il «proponente» non deve preoccuparsi in alcun modo della risposta dell'altro giocatore. Se il primo offre qualcosa, di solito si tratta di un'espressione di altruismo, anche se non sempre la realtà è così inequivocabile: trattandosi di un esperimento, il vincitore potrebbe voler impressionare positivamente lo studioso, perché lo ritiene un possibile partner nella vita reale. In media la gente offre tra il 10 e il 20 per cento: il 20 in condizioni normali e il 10 quando l'offerta avviene per via anonima. Un ricercatore che mise a disposizione un sistema assolutamente sicuro per garantire l'anonimato dei giocatori scoprì che quasi metà delle buste che dovevano contenere una certa somma erano in realtà vuote.

Come si fa a sapere quanto dipenda da calcoli strategici e quanto invece da effettivo altruismo? È molto semplice: se una combinazione di generosità e strategia porta a offrire tra il 40 e il 50 per cento, e se la sola generosità concede il 10-20, ne consegue che il ragionamento strategico incide per due terzi sulla decisione presa, mentre l'altruismo è responsabile del rimanente terzo, o anche meno nel caso in cui i partecipanti abbiano la garanzia dell'assoluto anonimato (per la gioia dei darwinisti, la cui fiducia nella bontà umana è per natura limitata).

Il gioco della Fiducia

Ma allora? Paga o no, la fiducia? Per rispondere a questa domanda fu ideato un altro esperimento: il «gioco della Fiducia» (quale nome più adatto?). Anche qui, due partecipanti che non si conoscono giocano a colpo secco. Il vincitore (il giocatore A) riceve in premio 100 dollari, e decide se e quanto vuole dare allo sconfitto (giocatore B). Lo studioso dichiara che triplicherà qualunque somma A regalerà a B. A quel punto, B deve decidere se e quanto vuol dare indietro ad A. Fine del gioco. Entrambi i giocatori sono a conoscenza delle regole prima di cominciare.

Mettiamo che voi siate A, e che abbiate appena vinto 100 dollari. Quanto offrirete a B? Se gliene darete 50, la somma verrà triplicata a 150 e, se lui deciderà di dividere con voi la cifra equamente, finirete per vincere 125 dollari, un miglioramento per entrambi dall'inizio del gioco. Se date al vostro avversario 33 dollari, lui ne otterrà 99, e se lui ve ne restituisce soltanto 30 (il 30 per cento è effettivamente la somma media ottenuta in questo gioco) la fiducia che avete investito in lui non avrà dato grandi frutti. Se gli affiderete 100 dollari (indizio di fiducia assoluta) avrete aumentato la torta da dividere fino a 300 dollari, il totale più alto possibile. Se il giocatore B in cambio della vostra fiducia vi ridarà indietro la metà (dimostrando quindi di essere a sua volta degno di fiducia), alla fine vi ritroverete con 150 dollari a testa.

In effetti, il 25 per cento dei vincitori ha scelto di esprimere la massima fiducia, e di affidare al giocatore B tutta la somma. Si tratta di un rischio evidente (in sede di esperimento, il 9 per cento dei partecipanti che avevano ricevuto l'intera somma non ha restituito un solo cent), ma a posteriori paga, perché l'essere degni di fiducia non è un attributo fisso e immutabile: dipende dalla fiducia che gli altri ripongono in te. Più la gente si fida, più si è incoraggiati a comportarsi in modo degno di fiducia. L'onestà aumenta in ragione della fiducia accordata.

Le conclusioni scientifiche che si possono trarre sono le seguenti:

- La fiducia nel «gioco della Fiducia» (espressa attraverso la restituzione di una parte del premio vinto) paga solo marginalmente o niente affatto.
- Risulta molto chiaro che la fiducia paga quando la si dà completamente, dal momento che ingenera a sua volta onestà.

Di tutti questi giochi, il più usato è quello dell'Ultimatum. È stato utilizzato in centinaia di esperimenti scientifici per verificare l'effetto di diversi fattori, tra cui le variabili socioculturali. Di seguito, alcune scoperte interessanti.

L'ammontare del premio

Si è ritenuto possibile che l'entità della cifra in gioco condizionasse il comportamento dei giocatori. Per esempio, se la posta fosse stata alta, mettiamo 100.000 dollari invece degli originali 100, il vincitore avrebbe dovuto offrire in media meno del 40-50 per cento. Non vi sono state prove a riguardo. Le somme offerte in questi casi sono state più basse, ma non di tanto, e il perché non è arduo da indovinare. Il giocatore A, quello vincente, decide di rischiare molto: se è mosso in primo luogo da considerazioni strategiche, infatti, teme che un'offerta bassa possa peggiorare le sue opportunità di vincita.

Sesso

Non è una sorpresa che entrambi i sessi si aspettino di ricevere di più da una donna, ma offrano di più (in media, per la precisione, il 15 per cento in più) a un uomo, il che non fa che sottolineare un dato sociale, ahimè, ben noto.

Tuttavia, e questo forse è inaspettato, gli uomini tendono a fidarsi di più rispetto alle donne: queste ultime sono più affidabili, forse perché la loro posizione nella società è più fragile, e vengono ingannate più spesso; ciò le rende più sensibili ai tradimenti.

Lo stesso avviene in generale per le minoranze etniche, anch'esse più vulnerabili.

Infine, mentre i maschi non offrono di più alle donne considerate attraenti, le signore offrono il 10 per cento in più agli uomini di bell'aspetto.

Età

Coerentemente con le aspettative degli economisti, i bambini hanno un comportamento più egoista degli adulti. Offrono il meno possibile in modo da avere il premio più alto e si accontentano di una cifra inferiore quando perdono. I bambini più alti della media stranamente offrono meno in certi giochi. Per la verità il vantaggio dell'altezza è un fenomeno ben noto in Occidente: negli Stati Uniti un lavoratore non specializzato guadagna 300 dollari di stipendio in più l'anno per ogni centimetro sopra la media.

Fattori biologici

Il testosterone, l'ormone maschile, i cui massimi picchi sono riscontrabili presso calciatori e pompieri, si trova in percentuali basse nei sacerdoti e nei medici, e medie nei professori universitari e nei disoccupati.

In un interessante esperimento volto a misurare i livelli di testosterone durante il Gioco dell'Ultimatum, si è rilevato che gli uomini con livelli alti di testosterone offrono di più ma si offendono facilmente se non viene loro offerto quello che considerano giusto. In questo senso si può ben dire che il testosterone è l'ormone del machismo.

La verità sulle bugie

L'umanità ha cominciato a distorcere la verità fin dai suoi albori biblici. Eva: «Il serpente mi ha ingannata e ho mangiato la mela». Caino: «Sono forse io custode di mio fratello?». E le cose sono andate di male in peggio. Chiedete a Robert Feldman dell'Università del Massachusetts. Secondo la sua ricerca, il 60 per cento degli esseri umani durante una conversazione mente almeno una volta (di solito più di una) ogni dieci minuti.

È così facile mentire, ci spiega Feldman. Insegniamo ai nostri figli che è bene essere onesti, ma pretendiamo che dicano alla zia Marta quant'è bello il suo regalo di compleanno. E poi, quando crescono, siamo noi a diventare le vittime dello stesso trattamento ambivalente che abbiamo inflitto loro.

In occasione di un altro studio sulle bugie, Jeff Hancock della Cornell University chiese a 30 studenti di tenere per due settimane un diario sulle proprie comunicazioni personali, e successivamente di confessare le menzogne, le mezze verità e le espressioni fuori luogo che avevano annotato. Lo studioso scoprì che il 14 per cento delle e-mail conteneva bugie, così come il 21 per cento degli SMS e il 27 per cento delle conversazioni svolte di persona. Le telefonate detenevano il triste record: un bel 37 per cento con almeno una bugia.

Mentre si tende a mentire di meno attraverso un mezzo di cui rimanga documentazione (per esempio la e-mail), in sede di conversazione telefonica può sorgere la necessità di rispondere a domande a bruciapelo tipo «Com'è andata con quella ragazza ieri sera?».

Le ragioni per mentire sono molte. Il timore della punizione (perdita) è il motivo per cui mentono gli eroi biblici e i bambini. Poi, a mano a mano che invecchiamo, mentiamo a causa delle nostre aspirazioni (potere, soldi, prestigio sociale). Molte menzogne servono a coprirne altre dette in precedenza. È chiaro, tuttavia, che non è facile studiare i bugiardi: in fin dei conti, non si può contare sul fatto che diano ai ricercatori le risposte più veritiere.

Un'altra scoperta interessante fatta da Feldman riguarda la differenza fra le bugie dette dagli uomini e quelle dette dalle donne. Quantitativamente non vi è grande differenza: ma da uno studio traspare che, mentre le donne mentono per far contenta la persona con cui stanno parlando, i maschi lo fanno per stare meglio loro stessi. Un'altra ricerca giunge alla conclusione che le donne sono più brave a individuare le bugie altrui e, secondo il libro di Dory Hollander, *Le 101 bugie che gli uomini dicono alle donne e perché le donne ci credono*, quella più comunemente detta da un uomo a una donna è: «Ti telefono».

Le menzogne sono parte integrante della nostra vita sociale. Se da una parte alcune possono danneggiare l'amicizia e la fiducia tra due persone, altre hanno un ruolo importante nel cercare di evitare situazioni imbarazzanti o nel difendere un ego vulnerabile. Pare assodato che i nostri rapporti con gli altri andrebbero in pezzi sotto il peso della verità nuda e cruda.

Addirittura, se dobbiamo credere a uno studio di Bella de Paulo, psicologa presso l'Università della Virginia, sembrerebbe che mentiamo dieci, venti volte più spesso per fingere piacere («Questa torta è buonissima!») che per esprimere disapprovazione verso qualcosa che in realtà ci piace («Mai e poi mai voterei per quel serpente dalla lingua biforcuta!»).

È vero che il pensiero della nostra fine inevitabile rimane uno dei cardini della nostra esistenza, ma è vero anche che uno degli elementi del nostro lungo viaggio dalla nascita alla morte è la tensione costante a voler svelare le bugie e gli inganni altrui. Favole come quelle di Pinocchio o di Cappuccetto Rosso sono amatissime perché il frutto delle rielaborazioni dell'anima popolare su questo tema primordiale. È davvero difficile trovare nell'opera di quell'attento osservatore del comportamento umano che fu William Shakespeare una commedia che non comprenda almeno uno smascheramento.

Un agente segreto israeliano, allenato nell'individuare bugie, mi spiegava che il cervello umano in realtà preferisce la verità alla menzogna. I metodi di questo esperto si fondano sull'analisi dei contenuti e delle peculiarità delle espressioni utilizzate da chi non dice la verità. Chi mente, sostiene, aggiunge moltissimi dettagli superflui, difficilmente racconta la bugia in prima persona singolare e non fa uso di termini che esprimano emozioni. Inoltre, usa poco parole tendenti a specificare, quali «ma» o «senza». A quanto pare il cervello umano si libera del proprio disagio nei confronti della menzogna concentrandosi su certe parole ed eliminandone altre. Gli unici bugiardi in grado di superare questi interrogatori sono coloro che non sanno di mentire; in altre parole, chi mente prima di tutto a se stesso.

Nel suo brillantissimo libro *Why We Lie: The Evolutionary Roots of Deception* («Perché mentiamo: le radici evolutive dell'inganno»), lo psicologo evoluzionista David Livingstone Smith riesce a far sedere intorno al tavolo da poker della vita Freud, Darwin e Machiavelli per fornire una spiegazione evoluzionistica dello stesso fenomeno illustrato dall'agente segreto israeliano.

Smith sostiene che la capacità di ingannare è un elemento importantissimo nella vita di piante e animali, e in particolare degli esseri umani. Sortisce effetti in tutti i rapporti che intratteniamo, compreso il più importante di tutti, quello con noi stessi. Secondo Smith, per l'evoluzione della specie l'abilità di mentire è un bisogno primario, così come lo è quella di scoprire le bugie altrui. L'uomo primitivo sviluppò ben presto una particolare attitudine a percepire quali fra i propri compagni di caccia e raccolta si approfittavano delle limitate risorse del gruppo, e gradualmente, con il tempo, si è trasformato in un detector di bugie ambulante.

Da un punto di vista evolutivo, il modo più semplice per ingannare i propri simili è ingannare prima di tutto se stessi. Se nascondiamo la verità a noi stessi, troveremo più facile nasconderla agli altri. Strumento determinante per affinare questa abilità, sostiene lo studioso, è stato il linguaggio. Dal momento della sua comparsa, il nostro cervello ha sviluppato un meccanismo involontario teso a ignorare diversi tipi di dati e strumenti di controllo della realtà, e a nasconderli perfino a noi stessi. È così che un uomo è in grado di continuare a ingannare gli altri senza tradirsi, mentre questo non avviene nel caso di chi mente sapendo di mentire.

Cosa alquanto curiosa, pare che chi è depresso tenda a mentire meno, a sé e agli altri. I depressi hanno una capacità superiore alla media di penetrare la realtà, e una percezione realistica del livello di controllo – o di mancanza di questo – che esercitano sulle diverse situazioni della propria vita e di quella altrui. L'osservazione di questo superiore discernimento ha portato la psicologa Shelley Taylor dell'Università di Los Angeles a sostenere che un certo grado di autoinganno è essenziale per la nostra salute mentale. Chiunque conosca il dramma *Morte di un commesso viaggiatore* di Arthur Miller ricorderà certamente il tragico destino che tocca a Willy Loman nel momento in cui si accorge di non poter più continuare a mentire a se stesso.

Ci sono evidenti vantaggi di tipo evolutivo a ingannare se stessi e gli altri. Il caso più comune di autoinganno è la tendenza a sopravvalutare le proprie capacità. La ricerca indica che noi tutti siamo portati a crederci persone più socievoli e longeve, affaristi più abili negli investimenti, guidatori migliori nonché, naturalmente, amanti più irresistibili di chiunque altro. Questo fenomeno ha ripercussioni positive sull'energia necessaria ad affrontare i contrattempi della vita quotidiana e detiene un ruolo determinante in uno dei due principali banchi di prova dell'evoluzione: la sopravvivenza.

L'altro banco di prova, la riproduzione, ha poco a che vedere, a quanto pare, con la veridicità, come chiunque stia inseguendo appassionatamente un oggetto del desiderio – o chiunque sia quell'oggetto – può testimoniare.

Il Bene, il Male e Voi

Chi avrà più successo, l'uomo d'affari che insiste affinché tutti coloro che stringono un accordo con lui abbiano un proprio tornaconto, o quello che non esita a sfruttare gli altri per prosperare? Lo spirito di collaborazione è un tratto caratteriale codificato nei geni? Lo sfruttamento è una strategia vincente per qualcuno che vuole guadagnare il più possibile? O magari è vero il contrario?

Le risposte a queste interessanti domande sono il nocciolo di un dibattito fra i più vaghi e mutevoli degli ultimi anni. Da una parte, abbiamo di nuovo i nostri amici economisti, per cui la forza motrice dietro ogni attività sono la fredda logica e il desiderio di massimizzare i profitti. Dall'altra ci sono gli psicologi evoluzionisti, per cui ogni decisione umana è frutto di modelli genetici radicati nel fondo del nostro cervello grazie al lungo processo della selezione naturale, modelli che non necessariamente si piegano alla logica economica, ma semmai al primo comandamento dell'evoluzione, la sopravvivenza.

La «teoria dei giochi», una branca della matematica, cerca da cinquant'anni di escogitare modelli matematici ideati sotto forma di gioco, in modo da simulare situazioni in cui vengono prese decisioni. A dispetto dell'enorme divario tra gli esperimenti di laboratorio e la realtà quotidiana, la teoria dei giochi è diventata lo strumento principale utilizzato dai ricercatori di entrambe le scuole di pensiero per buttarsi fango addosso – ma con classe.

Uno studio iniziato qualche anno fa potrebbe essere quello risolutivo. Robert Kurzban, dell'Università della Pennsylvania, e Daniel Houser della George Mason University di Fairfax, Virginia, portarono avanti un esperimento usando il noto gioco di economia sperimentale *Public Goods* («Beni pubblici»). In breve, supponiamo che un gruppo di pescatori viva in un luogo dove la pesca è soggetta a limitazioni e si renda necessario razionare la quantità di pesce pescato per non fare estinguere completamente quelle specie marine. Un unico pescatore che decidesse di ignorare le regole migliorerà la propria situazione; gli altri ne riceveranno un danno, ma solo marginale. Tuttavia, se a comportarsi così saranno in molti, tutti ne soffriranno, compresi gli stessi pescatori ribelli. In modo analogo, se soltanto pochi individui evadono le tasse, questi si arricchiranno a spese della comunità, mentre se a evadere è la maggioranza della popolazione, tutti ne risulteranno svantaggiati a causa del peggioramento dei servizi pubblici. Insomma, il «dilemma del prigioniero» declinato al plurale.

In un esperimento ideato da loro, Kurzban e Houser presero 84 giocatori che non si conoscevano e li divisero in squadre di quattro elementi che dovevano giocare insieme attraverso il computer. Ciascun giocatore riceveva 50 gettoni virtuali, che potevano essere trasformati in denaro alla fine del gioco. Nella prima fase, si chiedeva a ciascun partecipante di decidere quanti di questi gettoni voleva tenere per sé e quanti metterne in comune con gli altri giocatori; dopodiché il gioco continuava in modo casuale per parecchi giri. Alla fine di ciascun giro veniva chiesto a tutti se volevano aggiungere o togliere gettoni dal proprio deposito, ma solo dopo aver saputo come si erano comportati gli altri nel giro precedente. Verso la fine del gioco, gli organizzatori raddoppiavano la cifra presente nella cassa comune e la distribuivano equamente ai quattro giocatori. Questo ammontare veniva aggiunto ai gettoni che ciascun giocatore si era messo da parte. Nella fase successiva, si rimescolavano le squadre e si giocava un'altra mano.

Se tutti decideranno di fidarsi ciecamente gli uni degli altri e di mettere l'intera somma in comune, ciascun giocatore raddoppierà il proprio denaro, dando prova di un senso di cooperazione impeccabile. Se a mettere tutto in comune sarà un solo giocatore, mentre gli altri si terranno l'intera cifra, quel giocatore si ritroverà ad aver dimezzato la somma di partenza, mentre gli altri, sfruttando il suo spirito comunitario, guadagneranno di più.

In sostanza, i giocatori possono optare per una di queste tre strategie di fondo:

- *Cooperare* sempre con gli altri, migliorando lo stato della cassa comune;
- *Sfruttare* sempre i compagni e non mettere niente nella cassa comune;
- *Agire secondo uno spirito di reciprocità*: cooperare con chi coopera e sfruttare gli sfruttatori.

Alla fine dell'esperimento è stato possibile individuare il gruppo di appartenenza di 81 su 84 partecipanti: i cooperatori (13 per cento) gli sfruttatori (20 per cento) o i misti (63 per cento). Solo tre partecipanti cambiavano strategia da una mano all'altra, e dunque era impossibile classificarli. E, ciò che interessa qui, le strategie di questi 81 giocatori rimasero costanti.

Il fatto che il modello di comportamento dei vari giocatori tenda a non cambiare da una mano all'altra rafforzerebbe l'opinione che le nostre reazioni sono codificate nel cervello grazie a un lungo processo di selezione naturale. Coloro che propendono per la scuola di pensiero degli economisti apprenderanno con disappunto che i partecipanti non agirono nel modo più razionale, né cambiarono atteggiamento per adeguarsi a nuovi giocatori e nuove situazioni.

Il che non basta a dare partita vinta agli evoluzionisti. Per questo è necessario ottemperare a un'altra condizione: bisogna che la strategia adottata venga definita come ESS («strategia evoluzionisticamente stabile»). Si tratta di un termine coniato negli anni Ottanta dall'ingegnere genetico John Maynard Smith per indicare una strategia che manifesti stabilità genetica da parte di un determinato gruppo senza che tutti i suoi membri debbano necessariamente adottare questa stessa strategia. Una strategia è evoluzionisticamente stabile se, nel momento in cui viene adottata dalla maggioranza di una certa popolazione, nessuna strategia concorrente la può rovesciare. Come dice Smith stesso, in una data specie animale possono sussistere soltanto due tipi di combattimento: quello dei «falchi» e quello delle «colombe». I membri di una popolazione debbono per forza comportarsi secondo l'uno o l'altro tipo. I falchi combattono senza esclusione di colpi, e si ritirano solo quando sono gravemente feriti. Le colombe assumono atteggiamenti di cortese minaccia ma non fanno nulla. Il combattimento fra due falchi sarà all'ultimo sangue; se un falco lotta contro una colomba, quest'ultima fuggirà; se una colomba affronta un'altra colomba non vi saranno feriti. I membri di una determinata popolazione non sanno quali individui all'interno della comunità sono falchi e quali colombe fino al momento in cui sono obbligati a combattere. Le popolazioni all'interno delle quali queste regole di combattimento sono in vigore (insieme con altri presupposti comuni) si stabilizzano quando raggiungono un rapporto di 7 falchi a 5 colombe. La descrizione che segue spiega la dinamica evolutiva che ci fa raggiungere questa proporzione. Supponiamo innanzitutto che la popolazione in questione sia composta esclusivamente di colombe; quando una colomba si scontra con un'altra nessuno si fa male. Supponiamo però che avvenga una mutazione, e che faccia la sua apparizione un falco. Eliminerà tutte le colombe che incontra, e di conseguenza ben presto si diffonderanno nella popolazione geni «falcheschi».Ora, tuttavia, ogni volta che un falco ne incontra un altro, uno dei due sarà ferito a morte. Ed è così che si ristabilisce un equilibrio, dal momento che una colomba fugge ogni volta che incontra un falco. Un calcolo complesso rivela che la popolazione si stabilizzerà a un rapporto di 7 a 5 in favore dei falchi. Nell'esperimento sopra citato, i giocatori che utilizzano la strategia da sfruttatori sono i falchi, e il loro destino è di declinare rapidamente se non si imbattono in quanti desiderosi di collaborare.

La popolazione che sopra abbiamo definito «mista», quella che reagisce a seconda di come si comporta l'avversario, ha bisogno sia degli sfruttatori sia dei cooperatori contro i quali reagire, mentre i cooperatori che incontrano altri cooperatori godono di un potenziamento genetico e si riproducono fino al momento in cui si trovano a fronteggiare gli sfruttatori. Ciò che dà stabilità a questo mescolarsi di strategie è il vantaggio complessivo che, in termini di sopravvivenza genetica, in ultima analisi, andrà a beneficio di tutto il gruppo. Nel nostro gioco questo vantaggio è rappresentato dal guadagno monetario.

Il banco di prova del nostro esperimento è dunque il grado di successo di ciascun partecipante. Una suddivisione equa delle vincite (anche tra persone che hanno scelto strategie diverse) garantisce un equilibrio evolutivo e una conferma alla teoria dell'ESS. Infatti, secondo le ricerche, alla fine dei giochi il denaro vinto da ciascun partecipante era suppergiù lo stesso.

In altre parole, se interpretiamo gli atteggiamenti di tutti come rappresentazioni della varietà dei comportamenti umani, apparirà chiaro che nel nostro mondo c'è spazio per tutti: per gli sfruttatori, per i cooperatori e per i «misti». Per giunta, la coesistenza di questi diversi modelli comportamentali è essenziale perché la popolazione si stabilizzi.

Le conclusioni di questo studio sono inequivocabili: l'atteggiamento della nostra specie nei confronti dello spirito di collaborazione è stabilizzato. Non si tratta di una reazione economica razionale, ma del fattore evoluzione. A questo punto, agli economisti non resta che mettersi sotto a ideare il prossimo esperimento in difesa dei propri argomenti...

Per quel che ci riguarda, è consolante sapere che, dal punto di vista economico, cooperatori e sfruttatori, buoni e cattivi; ne escono tutti allo stesso modo.

Attenzione: selezione naturale in corso II

Giuste cause

«Cameriere, c'è una mosca nella mia minestra» si lamenta un avventore al ristorante. «Ah, sì,» dice l'abile cameriere «è morta di caldo.» Si tratta di uno dei mille possibili finali di una vecchia barzelletta, di cui una variante, forse una delle migliori, era: «Abbassi la voce, signore, se no la vorranno anche gli altri». Questa battuta mi è tornata in mente poco tempo fa, in occasione di un volo aereo che stava subendo un notevole ritardo. Dalla cabina, il pilota ci spiegava che il motivo del ritardo era un altro ritardo accumulato dall'aereo in precedenza, informazione peraltro completamente inutile, che non riduce per nulla le responsabilità e l'inefficienza della compagnia, ma che si suppone, chissà per quale motivo, possa tranquillizzare i passeggeri già su tutte le furie.

Si tratta di una situazione in cui ci imbattiamo quotidianamente, e che ci pone un interrogativo: che posto ha la «giusta causa» nella nostra vita, e fino a che punto il nostro comportamento sociale risente del modo in cui una giusta scusa distorce il nostro giudizio?

Uno studio assai brillante pubblicato nel 1978 da Ellen Langer dell'Università di Harvard pone qualche dubbio sul fatto che decidiamo le nostre strategie di comportamento in base alle informazioni che ci vengono presentate e a ragionamenti corretti.

In uno dei casi analizzati, un suo collaboratore si avvicinava a una fila di persone in attesa di usare una fotocopiatrice e chiedeva di saltare la coda. Dava tre scuse diverse. Nel primo caso diceva solo di dover fotocopiare cinque pagine e chiedeva cortesemente che lo lasciassero passare. Nel secondo aggiungeva frasi del tipo «... perché ho bisogno di fotocopiare queste pagine», parole inutili, dal momento che tutti erano in fila per quello. La terza scusa era identica alla prima, ma veniva aggiunto un dato rilevante: «... perché sono di fretta».

Il 60 per cento lo lasciò passare senza spiegazioni, mentre il 94 gli diede il permesso soltanto se le scuse avevano un senso. Soltanto l'1 per cento in meno (il 93) era disposto a lasciarlo passare anche quando le spiegazioni fornite non avevano nessun senso.

Si tratta di un dato interessante, perché ci rivela che in un incontro tra due sconosciuti – per lo meno fra due in coda alla fotocopiatrice – affinché una richiesta sia soddisfatta, nella stragrande maggioranza dei casi, è sufficiente pronunciare la parola «perché». Inoltre, il solo fatto che una scusa qualsiasi venga pronunciata, indipendentemente dal suo contenuto, ci mette in uno stato d'animo per cui sospendiamo volentieri il nostro giudizio.

Ma aspettate un momento: non sarà che i titoli di testa dei giornali finanziari, che attribuiscono le oscillazioni dei mercati a questa o quella causa, ricadono anch'essi nella categoria «scuse» e meritano la nostra attenzione solo perché abbiamo un bisogno disperato di attribuire una causa a qualunque avvenimento della nostra vita? La risposta a questa domanda, ovviamente, dipende dall'effettiva capacità di un determinato giornale di spiegare le fluttuazioni di questo o quel titolo, e forse la possiamo intravedere nascosta fra le migliaia di pagine delle ricerche condotte in occasione dell'inatteso crollo della borsa dell'ottobre 1987. Questi studi avevano lo scopo di capire che rapporti intercorrono tra le notizie più drammatiche e la capacità dei giornali di spiegarle.

L'economista Larry Summers, poi ministro del Tesoro durante l'amministrazione Clinton, partecipò al più famoso di questi esperimenti. I ricercatori volevano scoprire fino a che punto le notizie di macroeconomia – i tassi di interesse, la produzione industriale, l'inflazione – avessero effettivamente influenzato l'andamento mensile delle borse nel periodo tra il 1926 e il 1986. Si scoprì che non erano in grado di spiegare più di un terzo delle fluttuazioni del mercato. Per esempio, la notizia di un aumento dell'1 per cento nell'inflazione causò un ribasso di un modestissimo 0,13 per cento dell'indice Standard & Poor's (S&P).

In una seconda fase dello studio, i ricercatori analizzarono l'effetto sulle oscillazioni di borsa di una cinquantina di notizie importanti di carattere non economico (elezioni, l'assassinio di Kennedy, la crisi dei missili di Cuba, l'attacco giapponese a Pearl Harbor, ecc.). Il lancio della bomba atomica su Hiroshima, per esempio, causò in un mese uno spostamento dello 0,5 per cento (la borsa salì). Un fatto che lasciò tutti assai perplessi fu che le oscillazioni più drammatiche avvenivano spesso in giorni in cui non vi era alcuna notizia significativa.

Lo studio giungeva alla conclusione che, anche sommando l'impatto della politica interna ed estera con quello delle notizie di carattere macroeconomico, si arriva a spiegare meno della metà dei movimenti di borsa. Questo considerando soltanto i fatti più importanti.

Dunque, il resto dei titoli di testa (quasi tutti) non sono altro che scuse: i media ne hanno bisogno per sopravvivere quanto noi ne abbiamo bisogno per placare la nostra sete di spiegazioni. Per una volta, la colpa non è solo dei media.

Annegare in mezzo ai numeri

Nel maggio del 2004, la casa d'aste Sotheby's di New York vendette *Il ragazzo con la pipa* (1905), un Picasso del periodo rosa, per 104 milioni di dollari, la somma più alta mai pagata fino a quel momento per un'opera d'arte. I giornalisti definirono il quadro, che era stato acquistato da John Whitney nel 1950 per 30.000 dollari, «il miglior investimento mai fatto nel campo dell'arte».

La questione se l'arte sia o no un buon investimento è stata dibattuta da molti uomini d'affari, alcuni dei quali, grazie al proprio fiuto, hanno lucrato su un passatempo fino a farlo diventare una componente importante del loro patrimonio personale o di quello della loro azienda. Ma la questione resta aperta: investire nell'arte conviene?

La vendita del *Ragazzo con la pipa* mostra un tasso interno di rendimento (TIR) del 16,3 per cento, abbastanza notevole anche se confrontato con il rendimento annuale del 12,1 dell'indice S&P 500 dello stesso periodo, ma non abbastanza da meritarsi il titolo di «miglior investimento mai fatto». Per inciso, i giornalisti critici d'arte non hanno alcuna competenza per valutare un TIR, altrimenti avrebbero insignito di questa nomina un altro Picasso, *Il vecchio ebreo*, del 1903. Questo disegno fu venduto all'asta da Christie's nel 1991 per 9350 dollari, e rivenduto due anni più tardi da Sotheby's per 23.500. Il TIR annuale su quel quadro fu del 64 per cento.

I professori Jianping Mei e Michael Moses dell'Università di New York hanno analizzato migliaia di transazioni avvenute nell'arco di qualche decennio su opere d'arte, e hanno creato l'indice Mei Moses per le belle arti. Confrontato con l'indice S&P su un periodo di quarant'anni, sembrerebbe che i due abbiano dato frutti all'incirca equivalenti, come si può vedere nel grafico qui a fianco.

Se la borsa ha le sue *blue chip*, anche l'arte ha le proprie: Picasso, Monet, Renoir. Il professor Moses ha analizzato la compravendita all'asta di 372 opere d'arte di questi tre grandi a partire dal 1875: dal punto di vista del rendimento, Picasso è in testa, con un tasso interno di rendimento annuale dell'8,9 per cento rispetto all'8,8 di Monet e al 6,9 di Renoir. Picasso è anche l'unico dei tre che è riuscito a battere l'indice Mei Moses.

5. L'arte come investimento

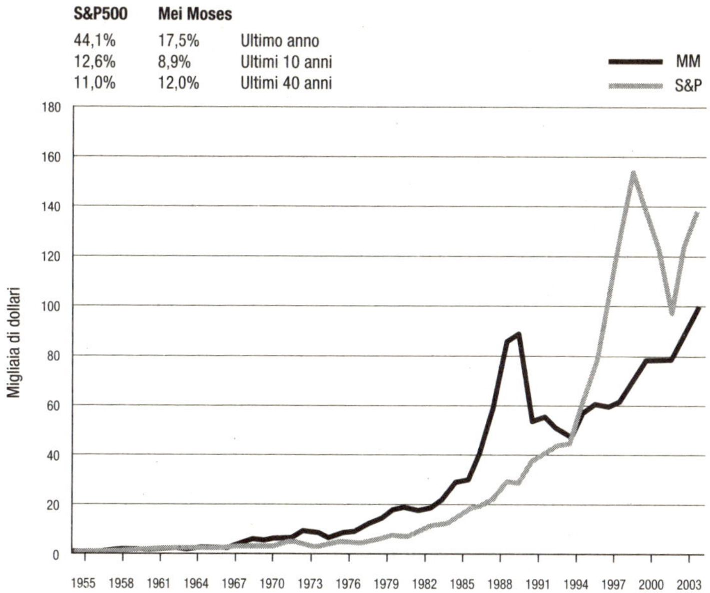

Eppure non è questa la scoperta più sorprendente. Lo è invece il fatto che perfino Picasso, Monet e Renoir sono rimasti indietro rispetto all'indice S&P 500; Picasso del 3,6 annuo, Monet del 4 e Renoir del 5,2.

Mei e Moses giungono alla conclusione che i prezzi di un'opera d'arte conosciuta partono già alti e non si alzano in modo così eclatante. Appartengono al pantheon dell'arte mondiale, un fatto che già si riflette nel prezzo di partenza.

Nondimeno, un modo per fare un investimento lucroso su artisti quali Picasso, Monet e Renoir esiste: se si tengono lontani dal mercato i loro dipinti per un tempo relativamente lungo (quindici anni o più), le quotazioni sull'indice Mei Moses crescono, anche se rimangono sempre indietro rispetto all'S&P 500.

Fermiamoci qui e poniamoci una domanda seria: perché mai voi lettori continuate a perdere tempo leggendo queste righe, che altro non sono se non un superficiale riassunto di un articolo per pochi eletti che mi è capitato tra le mani per caso sfogliando il numero di agosto del 2004 della rivista «Art & Auction»? È perché scrivo bene? Hmm, non credo. Stavate forse prendendo in considerazione l'acquisto di un Picasso? Non penso proprio. Suggerirei questa risposta, che mi pare la più realistica: siete notevolmente attratti da quel che a un primo sguardo pare un'analisi dettagliata di una questione finanziaria; e se i numeri che avete trovato sparsi in abbondanza fra una parola e l'altra non fossero sufficienti per convincervi, un paio di grafici potrebbero rendere allettante quel che c'è scritto nell'articolo.

Ma cosa promette in fin dei conti? Di mettere ordine nella vostra vita, in questo caso, di uomini d'affari. E perché è tanto importante l'ordine? Eccovi il nocciolo del problema: gli psicologi sono giunti alla conclusione che tutti noi (alcuni in misura maggiore di altri) fin dalla più tenera età ci troviamo a dover fare i conti con perdite emotive e altri traumi che si ripercuotono sul modo in cui agiamo da adulti, nella nostra professione e nella vita in generale; può trattarsi della limitata capacità dei nostri genitori di dimostrarci il loro amore, di un senso di emarginazione all'interno di un gruppo di compagni, dei primi insuccessi (anche se considerati tali solo a livello personale) o di qualunque altra ragione. Grazie a un processo troppo complesso da descrivere in questa sede, l'anima delicata di un giovane (ragazzo o ragazza che sia) si trova a dover tenere a bada queste frustrazioni, sviluppando nel contempo la propria personalità in modo autonomo, così da poter condurre un'esistenza soddisfacente sia sul piano professionale sia su quello personale. Tuttavia, le ferite che si sono aperte in gioventù tendono a non rimarginarsi mai del tutto e le loro cicatrici continuano a darci fastidio.

Sono proprio queste cicatrici a scatenare le insicurezze che ci caratterizzano tutti in un modo o in un altro. È vero: fino a un certo punto l'insicurezza è un ingrediente essenziale per il successo di qualunque intraprendente uomo d'affari; ma è anche uno stato d'animo inquietante che cerchiamo di tenere sotto controllo usando tutti i mezzi mentali e spirituali a nostra disposizione. Portare ordine, riuscire a reggere il timone su un mare di dati e informazioni in cui siamo costretti a navigare è di certo un primo passo che servirà a far chiarezza nella nostra vita, consentendoci di ridurre il grado di insicurezza che proviamo di fronte a dimensioni tanto sconfinate.

Articoli come quello citato all'inizio di questo paragrafo servono proprio a nutrire questo enorme bisogno di ordine, di orientamento, di uno schema mentale utile a impedire alla nostra anima di pensare che l'unica certezza è che non vi è nulla di certo.

La nostra attrazione verso un articolo del genere è più grande di noi. Dateci numeri, schemi, grafici e tabelle, e saremo felici di smettere di leggere altri articoli (per non parlare della buona letteratura) le cui capacità di mettere ordine appaiono più limitate. La verità è che, su 10 articoli che leggete, 9 vi deludono e non arricchiscono la vostra vita in alcun modo. Tuttavia, non resisterete alla tentazione e i vostri occhi continueranno a seguire migliaia di parole inutili, nella vana speranza di scoprire qualche segreto (anche un suggerimento minimo è meglio di niente) sulle regole che presiedono a un mondo irraggiungibile.

Nel suo libro più recente, *Un matematico gioca in borsa*, John Allen Paulos un segreto ce lo rivela per caso: «L'incertezza è la sola certezza che abbiamo, e sapere come convivere con l'insicurezza è la sola sicurezza che ci resta». E allora avanti, leggetevi un buon libro.

Perché la Gioconda sorride

Viviamo in un'epoca in cui metà della popolazione mondiale produce beni di lusso per l'altra metà che non ne ha più bisogno per sopravvivere. Per sostenere questo andamento economico planetario, le sole strategie di mercato non sono sufficienti. Di conseguenza la cultura del consumismo ha già messo a punto alcune abilità volte ad approfittare di un costrutto evolutivo radicato in maniera profonda nella mente umana da milioni di anni. Siamo stati persuasi che vi sono oggetti di cui è necessario impossessarci allo scopo di appagare un bisogno profondo, mentre in verità siamo stati in grado di fare a meno di quel determinato oggetto per moltissimi anni. Uno degli esempi più chiari di questo processo è la cosiddetta «ansia da status».

L'utilizzo del nostro prestigio sociale come meccanismo di sopravvivenza risale a centinaia di migliaia di anni fa, ai tempi in cui ci aggiravamo per la savana in piccoli gruppi alla ricerca di cibo e di partner sessuali. Il leader della tribù, il membro più prestigioso, garantiva la soddisfazione dei bisogni del gruppo: possibilità di riprodursi, raccolta e distribuzione del cibo. I più vicini al capo godevano di riflesso di alcuni privilegi e talvolta arrivavano a soppiantarlo (normalmente in seguito a un combattimento con altri pretendenti). L'ansia da status, così diffusa nella cultura consumistica di oggi, altro non è che una manifestazione moderna dell'ancestrale desiderio di garantirsi un posto all'interno del branco.

Siamo onesti. Quando un nostro amico ha successo, siamo certamente felici per lui, ma anche un po' invidiosi. Questo sentimento ha uno scopo preciso nella storia della nostra evoluzione: ci sprona a dare di più. Quando ci guida una invidia sana, siamo più motivati a cercare un lavoro prestigioso o a procacciarci il benessere materiale, o a contrarre un buon matrimonio: tutte cose che ci consentiranno di avere i mezzi economici per mantenere una famiglia e di garantirci una continuità biologica.

Nel 1980 Robert Frank della Cornell University studiò questo problema e giunse alla conclusione che la maggior parte delle persone preferirebbe guadagnare 50.000 dollari l'anno e vivere in un quartiere dove il reddito medio annuo è di 40.000 piuttosto che guadagnarne 100.000 ed essere circondati di persone che ne guadagnano 150.000 (sempre che il potere di acquisto del dollaro sia lo stesso nei due luoghi). Da allora, dozzine di ricerche hanno confermato queste sue scoperte. Potrà apparire irrazionale, ma più di una volta ci è capitato di constatare che, quando si tratta dell'ansia da status, le pulsioni genetiche dell'animale hanno la meglio sulla ragione.

Questo non significa che siamo invidiosi di Donald Trump o di Bill Gates. Come si può vedere dalla ricerca che ho citato nelle pagine precedenti, il nostro ambito sociale può arrivare a comprendere non più di 150 persone; membri della famiglia, colleghi, commilitoni, compagni di liceo o di università. L'omogeneità sociale che caratterizza questi gruppi fa sì che, non appena un altro possiede poco più di noi, scatta l'ansia da status.

La storia della nostra evoluzione non soltanto influisce direttamente sull'invidia in sé e per sé, ma anche su ciò che la scatena. Le donne tendono a focalizzare la propria sulle attrattive delle altre donne, dal momento che la bellezza esteriore è segno di giovinezza e fertilità. Poi, a mano a mano che invecchia ed è meno fertile, diventa meno invidiosa delle caratteristiche fisiche altrui e si preoccupa maggiormente dello status symbol, ciò che indica ricchezza, ovvero la capacità del proprio compagno di provvedere a lei. Del resto basta una scorsa a qualunque rotocalco per confermare il nostro sospetto: più un uomo è ricco più sarà in grado di trovare potenziali partner.

La posizione sociale aiuta anche a conservare la salute. Alcune ricerche recenti hanno dimostrato che quando una scimmia viene spostata in un altro gruppo, all'interno del quale si trova a godere di uno status sociale inferiore, diviene più soggetta all'arteriosclerosi. I vincitori del premio Oscar, come abbiamo visto, vivono in media quattro anni e mezzo in più rispetto a quelli che hanno ricevuto la sola nomination. Un analogo studio condotto su funzionari pubblici inglesi ha rilevato che le persone più alte in grado vivono più a lungo dei loro sottoposti.

Il successo altrui, dunque, scatena invidie o addirittura ostilità. Dal punto di vista dell'evoluzione, come abbiamo già fatto notare, questi due sentimenti hanno uno scopo preciso: spingerci a lavorare di più e a essere più produttivi. Al contempo, però, l'invidia porta a un forte svantaggio, un aspetto negativo di grande importanza: ci impedisce di stabilire con gli altri rapporti interpersonali stretti, vale a dire ciò di cui abbiamo più bisogno per mantenere il nostro equilibrio all'interno di una società ossessionata dal successo.

E qui si impone una domanda: è possibile liberarsi di questa ansia? Charles Nicholl, nella sua biografia di Leonardo da Vinci (1452-1519) del 2004, *Leonardo da Vinci: The Flights of the Mind* («Leonardo da Vinci: i voli della mente») ci offre un filo di speranza.

Nella Firenze dei Medici l'ansia da status era onnipresente. La vita di Michelangelo, Raffaello e altri geni dell'arte si è svolta all'insegna della lotta per il potere. Michelangelo dipinse la Cappella Sistina dietro un telo per impedire ai suoi contemporanei di rubargli le idee. L'invidia che egli provava nei confronti della maggiore avvenenza, del prestigio sociale e del talento di Raffaello era ben nota in tutta Italia e a Roma in particolare. Raffaello, dal canto suo, usò ogni mezzo che aveva per convincere papa Giulio II a lasciargli dipingere parte della Cappella Sistina, anche dopo che Michelangelo aveva già cominciato ad affrescarla.

Leonardo da Vinci era diverso. Secondo il noto studioso rinascimentale Giorgio Vasari (una delle fonti principali di Nicholl), Leonardo era un enigma per i suoi colleghi. Talvolta lavorava dall'alba al tramonto senza nemmeno fermarsi per mangiare, mentre capitava che per giorni e giorni non prendesse nemmeno in mano il pennello. In un affascinante saggio del 1910, *Una fantasia di Leonardo da Vinci*, Sigmund Freud sostiene che la mancanza di una figura paterna nella vita di Leonardo bambino abbia avuto un grande peso per l'artista in età adulta. La profonda conoscenza e comprensione che Leonardo aveva del fatto artistico, sostiene Freud, gli permetteva di individuare errori in opere che tutti gli altri consideravano perfette. Eppure la sua personalità tendeva alla rilassatezza e all'indifferenza. «In un'epoca in cui la maggior parte degli individui gareggiava per ottenere riconoscimenti e prestigio personale, il desiderio di serenità di Leonardo sorprendeva tutti.»

È noto che Leonardo lavorava con lentezza. Il destino della sua *Ultima cena* fu segnato quando l'artista si accorse di non riuscire a dipingere abbastanza in fretta per la tecnica dell'affresco, che necessita di un muro umido. Lavorò per quattro anni alla *Gioconda*, eppure non riuscì a terminarla.

Leonardo era l'uomo rinascimentale per eccellenza, una personalità eclettica e dalle mille sfaccettature. Tuttavia, da un altro punto di vista, lo si potrebbe anche considerare come l'autore di una serie di fallimenti. Capì i principi fondamentali dell'ottica, ma non riuscì a padroneggiare gli aspetti quantitativi della luce. Progettò la macchina per volare, ma non riuscì a costruirla. Ha lasciato ai posteri molti dipinti non terminati e modelli scientifici non sperimentati.

Che avesse paura del successo? Era preoccupato del proprio prestigio? Leonardo, sostiene Nicholl, non era invidioso delle doti di Michelangelo, o preoccupato dell'incapacità di condurre fino in fondo le proprie intuizioni scientifiche; era piuttosto incline a vedere queste sfide come occasioni per imparare. L'idea che vivere senza far fruttare al massimo le proprie potenzialità sia un difetto caratteriale risale soltanto al diciottesimo secolo, a dopo l'Illuminismo. Leonardo forse ha perso l'occasione di compiere alcune scoperte fondamentali (tra cui la forza di gravità), ma è stato bravo a non lasciarsi travolgere da un'epoca incentrata sull'ansia da autorealizzazione. Leonardo è riuscito laddove quasi tutti noi falliamo: misurava il successo secondo il proprio metro personale, senza mettersi in competizione con gli altri (nel suo caso i grandi pittori suoi contemporanei).

Si tratta di un dono di cui può godere solo un genio? O possiamo anche noi imparare a giudicare la nostra persona in base ai meriti che abbiamo, e non a quelli degli altri? Se ci riusciremo in questa cosa, il premio per noi sarà immenso. Il sorriso della *Gioconda*, vale a dire il sorriso dell'umanità intera, è riservato a coloro che si sono liberati dell'ansia da status.

L'informazione non è il sapere

Gli enzimi GOT e GAT entrano nel sangue solo quando il tessuto al quale sono collegati (in questo caso il fegato) è danneggiato. Un alto livello di questi enzimi potrebbe indicare un cattivo funzionamento del fegato. D'altra parte, un'infezione di passaggio potrebbe avere lo stesso effetto, e in questo caso l'alterazione non sarebbe più presente in occasione di un secondo esame.

Da alcune mie analisi di routine risultò che avevo un livello di questi enzimi troppo alto; due giorni più tardi ripetei gli esami e l'esito fu confermato. Così, misi mano al testamento e, su consiglio del mio dottore, due settimane più tardi rifeci le analisi. I valori erano perfetti, assolutamente normali. «Dev'essere stata un'infezione virale di passaggio» disse il mio dottore, lapidario, restituendomi la vita su un vassoio d'argento.

Una volta recuperata la calma, non potei fare a meno di pensare che riducendo la frequenza di questi esami di routine mi sarei risparmiato un bel po' di tensione. Possibile che tutte queste informazioni non fossero affatto utili? Anzi peggio, addirittura dannose?

Malcolm Gladwell, autore del bestseller *In un batter di ciglia: il potere segreto del pensiero intuitivo*, ha in merito opinioni molto precise. Descrive un esperimento condotto da Brandon Reilly, direttore del Cook County Hospital a Chicago, che cercava di risolvere un gravissimo problema di affollamento al Pronto soccorso, per pazienti con dolori al petto causati da sospetto infarto. Il metodo tradizionale di valutazione aveva un tasso di successo insoddisfacente, perché dedicava parecchio tempo alla registrazione dell'anamnesi del paziente e ai vari fattori di rischio (colesterolo, peso, attività fisica), nonché ad altri dettagli.

Il modello rivoluzionario inventato da Reilly combinava i risultati dell'elettrocardiogramma con tre sole variabili: il senso di oppressione provato dal paziente, la presenza di liquido nei polmoni e la pressione sistolica inferiore a 100. L'anamnesi del paziente, il diabete o perfino l'uso di medicinali non entravano nel quadro. Questo modello, testato per un periodo di due anni, risultò efficace soprattutto per due fattori: era in grado di identificare il 70 per cento dei casi in cui l'infarto non era in atto e più dell'80 di quelli nei quali lo era e per cui era necessario il ricovero immediato. A livello complessivo la diagnosi era corretta in più del 95 per cento dei casi. Guardando indietro, risulta chiaro che, in una cultura in cui gli istituti ospedalieri sono frequente oggetto di querele per inefficienza, il bisogno dei medici di tutelarsi stava influenzando negativamente la qualità delle decisioni prese. Reilly si era ispirato a una ricerca finanziata dalla Marina statunitense negli anni Settanta, il cui obiettivo era decidere quando fosse giustificato far tornare in superficie un sottomarino (rendendo di conseguenza nota la sua posizione) nel caso in cui un membro dell'equipaggio provasse dolori al petto.

Quando le oscillazioni di mercato sono ampie, un eccesso di informazioni può essere particolarmente dannoso, perché la tentazione di agire per stornare effetti negativi previsti è grande, anche se i cambiamenti potrebbero essere nient'altro che «rumore», vale a dire una serie di dati privi di senso, che non hanno niente a che vedere con il fenomeno in questione. Nel suo eccellente libro *Giocati dal caso: il ruolo della fortuna nella finanza e nella vita*, già citato in precedenza, Nassim Nicholas Taleb illustra il destino crudele che attende chi, giocando brillantemente in borsa, controlli troppo spesso il proprio portafoglio di investimenti, supponiamo un investitore che ogni anno riesca a ottenere un rendimento superiore del 15 per cento rispetto all'indice S&P, con una deviazione standard del 10; un investitore il cui rendimento fosse stato positivo per 19 anni su 20, le cui probabilità di un trend positivo sono di un confortante 95 per cento. Niente male, non vi pare? Proprio niente male, se non fosse che il nostro personaggio è tentato di controllare il proprio portafoglio di investimenti ogni 60 secondi. Le probabilità che un bravo uomo d'affari come questo, con lo stesso portafoglio, possa in un istante dato assistere a un guadagno è solo del 50,17 per cento, mentre se guardasse una sola volta al giorno le probabilità salirebbero a 54, fino ad arrivare a 67 guardando una volta al mese.

Questo surplus di dati, che viene definito «rumore», ha dimensioni gigantesche. Se controlliamo una volta al minuto avremo trenta «rumori» e una informazione significativa. Su un mese ci troviamo una proporzione di 2,32 informazioni inutili per una interessante; solo su base annuale la quantità di rumore si abbasserà fino a diventare inferiore al numero delle informazioni rilevanti.

Da un punto di vista statistico, più osserviamo di frequente un fenomeno, più assistiamo alle sue oscillazioni, e meno siamo in grado di valutarlo nel suo complesso. Da un punto di vista emotivo, invece, non siamo capaci di distinguere tra rumore e informazione utile, ed è quindi probabile che commettiamo degli errori, agendo in conformità al rumore e quindi danneggiando la nostra performance. La quotidiana esposizione, senza alcun «paracadute» psicologico, alla casualità delle informazioni, è la causa principale dello stress emotivo e del conseguente peggioramento della qualità di vita di chi gioca in borsa.

Verso la fine degli anni Ottanta, lo psicologo Paul Andreassen condusse una serie di esperimenti tra gli studenti del MIT, Massachusetts Institute of Technology, volti a dimostrare che un eccesso di informazioni non necessariamente porta a investimenti migliori. Ciascun partecipante doveva scegliersi un portafoglio di titoli a lui ben noti, di cui era in grado di stimare il valore. A questo punto Andreassen divise gli studenti in due gruppi, permettendo a uno dei due di conoscere solo le reali fluttuazioni di mercato, mentre l'altro gruppo era esposto al fuoco di sbarramento delle notizie finanziarie e dei commenti che spiegavano le oscillazioni del mercato e delle azioni.

Entrambi i gruppi compravano e vendevano secondo le informazioni di cui disponevano. Il gruppo che vedeva soltanto il listino prese decisioni sorprendentemente migliori di quello che aveva accesso a notizie e informazioni. Inoltre, più le azioni oscillavano, più aumentava il divario fra i risultati dei due gruppi.

Andreassen avanzò l'ipotesi che questo inatteso divario potesse dipendere dall'atteggiamento tenuto dal gruppo che disponeva di un flusso continuo di notizie nei confronti delle singole informazioni. Ogni novità oscurava la notizia precedente, vale a dire che le si attribuiva troppa importanza, nel bene e nel male. Se un'azione scendeva, le notizie che arrivavano creavano la sensazione che il futuro non potesse che essere ancor più grigio, mentre, al contrario, se determinate azioni salivano si dava adito alle speranze più insensate.

L'eccesso di stimoli portava gli studenti di questo gruppo a una notevole iper-reattività nel vendere e comprare. Il numero delle transazioni fu maggiore di quello dell'altro gruppo. E un'attività eccessiva in borsa, come è stato dimostrato da dozzine di studi fino dagli anni Ottanta, è uno dei metodi più efficaci per distruggere valore.

E voi? Quanti giornali avete letto oggi?

Perché le persone intelligenti fanno cose stupide?

> Non sono tanto le cose che non sappiamo a metterci nei pasticci. Sono le cose che sappiamo, ma che non sono vere.
>
> ARTEMUS WARD
> scrittore e umorista americano
> (1834-1867)

La tirannia dei numeri

Vado pazzo per i numeri, perfino per le cifrette più insignificanti che ben difficilmente mi serviranno per impressionare qualcuno. Spesso mi capita di fare un sogno: una signora ha un parente che è stato colpito da un fulmine su un campo da golf e io sono il suo avvocato. Lei vuol fare causa all'assicurazione, la quale a sua volta sostiene che tenere in mano una mazza di ferro durante un temporale è praticamente un suicidio. Be', lo vedremo, dico io nel sogno: i fulmini colpiscono la sfera terrestre 8,3 milioni di volte al giorno; di questi fulmini, circa 2000 l'anno colpiscono esseri umani, di cui soltanto 600 finiscono per morire di morte immediata, trapassati da una corrente di 10.000 ampere il cui calore è 7 volte superiore a quello riscontrabile sulla superficie solare. Le probabilità di essere colpiti da un fulmine sono una su 30 milioni, percentuale che non è cambiata nemmeno in questi ultimi anni di maggiore diffusione del golf. La mia tesi è inconfutabile. Ma il sogno, devo dire, prende una piega decisamente bizzarra quando il legale dell'assicurazione se ne viene fuori con: «Capirà, viviamo in un mondo in cui ciascun uomo nel corso della sua vita ingoia per sbaglio durante il sonno una media di otto ragni; tutto il resto al confronto impallidisce...».

Dopo tanti anni di lavoro nel mondo degli affari e tanti giornali divorati, scopro che mi è cresciuto dentro un organo interno speciale, di quelli che non si vedono con le radiografie: un piccolo computer che passa al vaglio la realtà, che calcola, misura, e risputa fuori informazioni di borsa, tassi di mortalità, cifre stanziate dal governo, risultati sportivi e quant'altro.

Ma la ciliegina sulla torta, è chiaro, sono le percentuali, il modo in cui si suddividono e classificano i profitti di un'azienda, misurano gli sconti quando si va a fare shopping, prevedono perfino la nostra aspettativa di vita e quella di coloro che ci sono vicini.

Con il tempo, da strumento di misurazione del mondo, le cifre sono diventate strumento di definizione del mondo: ciò che non è misurabile non esiste. Le nostre esperienze si traducono in migliaia e migliaia di numeri, tavole, diagrammi, grafici a torta infornati nel computer. Eppure, nonostante questo straordinario talento quantitativo che abbiamo sviluppato nell'analizzare i numeri, o forse proprio a causa di questo, non abbiamo una risposta alla domanda più importante della nostra vita: da dove veniamo e dove stiamo andando? E, domanda non meno pertinente, che cosa ci succederà strada facendo?

Indubbiamente i numeri ci infondono sicurezza, ci fanno pensare di avere il controllo della realtà. Quando non capiamo il senso profondo di un problema, sia esso personale o generale, siamo ben felici di aggrapparci ai salvagente quantitativi che i media ci lanciano a dovere: il grado di consenso di un candidato alle elezioni, la percentuale di missili distrutti, il numero di cellulari per abitante. Ma perché, perché questo continuo contare dovrebbe renderci più felici? È possibile che, a furia di contare i battiti del polso del mondo, ci stiamo lasciando sfuggire alcune verità fondamentali? O forse ci preoccupiamo tanto di contare e misurare proprio per evitare di guardare in faccia queste verità?

«Ora è ufficiale» proclama il giornalista in televisione, come se fosse stato confermato un qualche archetipo che giace in fondo all'inconscio collettivo, o come se la più recente opinione di un qualsiasi ministro potesse sostituire un canto dei poemi omerici.

«La tirannia dei numeri» è la definizione che negli anni Sessanta gli ingegneri elettronici usavano per descrivere il lavoro, frustrante ma necessario, di collegare le componenti sempre più numerose del computer in modo da aumentare il suo potere pensante. *The Tyranny of Numbers* («La tirannia dei numeri») è anche il titolo di un libro scritto dal giornalista inglese David Boyle, letto su consiglio del dottore per smettere di sognare numeri. La prima storia si svolge nell'Inghilterra vittoriana e ha come protagonista Jedediah Baxton, un povero analfabeta, dotato però di un talento impressionante per i numeri. La prima volta che Jedediah mise piede in un teatro di Londra fu per vedere il *Riccardo III*. Alla fine dello spettacolo gli chiesero se gli era piaciuto: rispose che aveva contato 5202 passi di danza e 12.445 parole pronunciate dagli attori. Non aveva assolutamente nulla da dire sul senso generale della tragedia o sul carismatico e perfido personaggio del re storpio.

Nonostante il calcolo che ha dell'incredibile, la vicenda di Baxton è di per sé inquietante, la metafora perfetta di un mondo dove i numeri sono tutto, ma dove il significato profondo di ciò che contiamo e misuriamo finisce per scomparire. I risultati dei test sostituiscono l'intelligenza, i sondaggi soppiantano i programmi politici e il reddito medio pro capite nasconde le reali dimensioni della povertà. Il continuo ronzare di calcoli ha creato un'alienazione emotiva generalizzata, nella quale stanno annegando intere civiltà.

Tra i vari paradossi che i numeri ingenerano, Boyle ci fa notare quello per cui siamo capaci di misurare i gruppi di persone ma non gli individui. Così, quando ci capita di incontrare il tipico uomo medio in carne e ossa, finiamo per scoprire che ha gusti strani in fatto di biancheria intima o che possiede una modesta collezione di farfalle della giungla del Borneo.

Secondo un altro paradosso, ogni volta che ci accingiamo a misurare un fenomeno, assistiamo a un suo peggioramento. La spiegazione non è molto chiara: alcune volte, la sua definizione muta in base al tempo necessario a palesare un'importanza pubblica crescente; altre volte diviene oggetto di studio soltanto dopo che è divenuto di pubblico interesse.

L'ultimo episodio riportato da Boyle riguarda le strane elezioni presidenziali americane del 2000. Proprio nel paese dove l'analisi statistica si succhia con il latte materno e la diffusione mediatica di dati numerici è la più avanzata al mondo, il destino del Presidente è stato deciso da meno di mille schede elettorali di dubbia attribuzione: all'improvviso ci si rese conto di quanto poco oggettivi fossero conteggi e misurazioni e quanto in balia dell'errore umano.

Boyle giunge alla conclusione che un eccessivo attaccamento alle statistiche e ai numeri finisce per portare a una sorta di cecità. Misurando la vita, la rimpiccioliamo.

E poi, ammettiamolo, nessuno diventa più magro se si pesa ogni giorno.

Alla larga dalla variabile dipendente

Ecco Grundy Salomone,
messo al mondo lunedì,
battezzato martedì,
si sposò mercoledì,
si ammalò di giovedì,
peggiorò di venerdì,

così sabato morì
e la domenica qualcun lo seppellì.
E di Grundy Salomone
La storiella è tutta qui.

Questa ninna nanna inglese dell'Ottocento ha turbato le notti di centinaia di bambini. Il fatto che ci piaccia (sempre che ci piaccia) è spia del modo in cui funziona la nostra mente: accettiamo che tutti questi eventi siano compressi in un'unica tragica settimana, pur sapendo che gli avvenimenti descritti sono avvenuti nel corso di molti anni.

Faccio un altro esempio di deduzione fallace: nel 2006 visitai presso la National Gallery di Londra la mostra *Americans in Paris, 1860-1900*, che illustrava il percorso di un gruppo di giovani pittori americani (tra cui Cassatt, Whistler, Homer e Sargent) che, approdati a Parigi in massa nel tardo Ottocento, subirono l'influenza culturale della città.

Chiunque come me abbia superato la sessantina non può resistere alla tentazione ontologica di buttare l'occhio sulla targhetta appesa al muro per calcolare quanti anni erano passati tra la nascita e la morte dell'artista, forse in un tentativo di prevedere la targhetta destinata a noi.

Una rapida scorsa faceva pensare che l'atmosfera parigina favorisse la longevità. Le date appese alle pareti riccamente adorne della National Gallery indicavano medie assai lunghe per quel periodo. Non appena me ne accorsi comprai il catalogo, feci un paio di calcoli e scoprii che effettivamente la vita media dei 34 artisti esposti alla mostra era di 71 anni, mentre l'aspettativa di vita in Europa nel 1900 era di 48 anni.

Che la gioia della creatività, il talento e la fama allunghino la vita?

Ho sempre pensato che gli artisti si allunghino la vita con la creatività ma se l'accorcino con l'alcol; la mia considerazione, tuttavia, non può bastare a risolvere l'enigma. Un esempio: a quanto pare negli anni Cinquanta in Inghilterra, parallelamente a un aumento dell'uso dei mezzi di telecomunicazione, crebbe anche il numero di ammissioni negli ospedali psichiatrici. Che cosa ci rivelano questi dati? In verità niente. Entrambi i fenomeni hanno origine nella naturale crescita della popolazione. Il collegamento è tutto lì.

Il nostro bisogno disperato di unire una causa a un effetto dà luogo al fenomeno della cosiddetta «correlazione statistica». Eppure, in molti casi, tra cui quello appena descritto, causa ed effetto sono collegati soltanto indirettamente, un tipo di correlazione che un approccio statistico comune non è in grado di rilevare.

Per esempio, chi scrive in prosa è più longevo di chi scrive in versi. James Kaufman dell'Università della California ha messo a confronto l'età di 1987 scrittori e poeti vissuti negli ultimi secoli, scoprendo che, in media, i romanzieri muoiono a 66 anni, i drammaturghi a 63 e i poeti ad appena 62. Come ci spieghiamo questa differenza? Alcuni sostengono che i poeti sono più portati alla depressione, quindi fanno maggiore uso di sostanze alcoliche o d'altra natura, che alterano l'umore e accorciano la vita. Altri invece fanno notare che i romanzieri pubblicano spesso le loro opere migliori in età più matura, mentre i poeti danno il meglio di sé in gioventù; di conseguenza, chiunque sia morto giovane e abbia scritto anche solo una poesia, verrà classificato come un defunto poeta, mentre un autore di prosa morto giovane probabilmente non sarà neanche ricordato come artista. È molto probabile che ci sia del vero in entrambe le spiegazioni, ma ce n'è anche un'altra, più convincente, anche se molto meno romantica: i poeti guadagnano meno dei romanzieri, e la qualità del cibo e delle cure mediche dipende dal reddito. Ecco la correlazione nascosta.

In un altro studio, i ricercatori mettevano a confronto l'età media dei papi con quella dei pittori di corte vissuti tra il 1200 e il 1900: i pontefici vivevano in media cinque anni più dei pittori. Dal momento che i papi vengono eletti in età avanzata, i ricercatori analizzarono soltanto i pittori che erano ancora in vita al momento dell'elezione del papa del loro tempo. Lo studio, che prese in considerazione 80 papi e 426 pittori, mostrò che questi ultimi avevano il 50 per cento di probabilità in più di morire prima dei 70 anni rispetto ai papi vissuti nello stesso periodo. Nemmeno in questo caso, però, dobbiamo arrivare a conclusioni affrettate; prima bisogna analizzare tutte le variabili. Lo stile di vita poco convenzionale di un pittore, per esempio, è molto più a rischio di quello morigerato di un ecclesiastico. Inoltre, le tempere usate in quel periodo talvolta contenevano piombo in quantitativi tossici.

Alcuni studiosi passano la vita a cercare di rendere tutto più semplice in nome della correlazione statistica. Una rivista tedesca di automobili analizzò le abitudini sessuali di più di 2000 lettori: la variabile dipendente era quante volte la settimana avevano rapporti sessuali, mentre quella indipendente era il tipo di macchina di cui erano proprietari. Quelli che possedevano una Porsche stavano in fondo alla classifica, con un punteggio di 1,4. È possibile individuare un collegamento tra queste due variabili? Fin troppo facile. In questo caso la variabile di collegamento è l'età: per lo più chi ha una Porsche è abbastanza avanti con gli anni, dunque è anche meno attivo sessualmente. Come disse in modo scherzoso il giornalista e scrittore Greg Easterbrook: «Interrogate i numeri e vi diranno tutto».

La correlazione statistica sta anche alla base di molte decisioni economiche, per le quali si cerca di collegare due variabili apparentemente lontanissime tra loro. La mente umana non riesce a concepire che due variabili non siano in relazione: quando una connessione causale non esiste, la creiamo noi.

Quale impulso profondo ci spinge a cercare, in modo tanto precipitoso, un collegamento logico tra due fenomeni statistici? Di sicuro ci rassicura sapere che il mondo in cui viviamo è un luogo ordinato, e che, nonostante ogni apparenza, siamo in grado di controllarlo. Ma la vera spiegazione sta, ancora una volta, nel neonato campo della psicologia evoluzionista: le nostre radici primordiali premiano la velocità di ragionamento, soprattutto in situazioni in cui la vita è in pericolo. La capacità di identificare l'ombra dell'animale predatore o di prevedere dal colore del terreno l'arrivo di una carestia poteva salvare la vita. Allo stesso modo, anche se la ragione ci avverte di praticare un sano scetticismo, la società incoraggia il nostro desiderio innato di collegare due variabili. Quando facciamo un'associazione mentale veniamo premiati in vari modi: un amico ci dà una pacca sulla spalla, un collega fa un cenno di approvazione; oppure troviamo l'argomento vincente per una campagna pubblicitaria che, nonostante le sue basi scientifiche dubbie, avrà grande successo.

La tentazione di fare con i numeri associazioni rapide e apparentemente significative non è destinata a sparire a breve termine. Ma attenzione: le parole *figure* («cifra») e *fictitious* («fittizio») hanno la stessa radice latina, *fingere*. State attenti!

Secondo le statistiche

La legge della conservazione dell'energia offre ai fisici quella tranquillità d'animo che può raggiungere solo chi ha accettato l'impossibilità che dal nulla si possa creare qualcosa. L'energia potrà trasformarsi da potenziale in cinetica e da cinetica in termica, ma in ogni momento la somma delle energie rimane costante.

Viceversa, «creare dal nulla» rappresenta il Santo Graal del mondo degli affari. Un imprenditore brillante costruisce una società partendo da quello che poco tempo prima era soltanto un progetto di qualche pagina buttato giù alla bell'e meglio. I banchieri d'affari sono sempre pronti a sostenere che la somma degli addendi è superiore al totale, specialmente quando cercano di convincere dell'utilità di una fusione qualche testardo amministratore delegato.

Eccovi, dunque, un bel giochetto di prestigio su cui riflettere: un noto sondaggio ha assodato che, per l'uomo medio, avere l'1 per cento di probabilità di vincere 200 dollari o avere la certezza di ottenerne 10 sono opzioni equivalenti. Egli attribuisce a quel solitario punto percentuale di vincita (1% × 200 = 2$) più valore di quel che ha. Nel contempo, per l'uomo medio non vi è alcuna differenza tra una probabilità del 99 per cento di vincere 200 dollari e la certezza di riceverne 188. Anche qui, inaspettatamente, è disposto a perdere 12 dollari pur di essere sicuro della sua vincita. Il costo di sicurezza è ancora una volta di 2 dollari, ovvero (1 – 0,99) × 200. In altre parole, il rapporto dell'uomo medio con le probabilità funziona così: il primo punto percentuale (su 200) vale 10 dollari, l'ultimo 12. Ma aspettate un momento: secondo questi strani calcoli, il rimanente 98 per cento varrebbe 178 dollari e non 196 (0,98 × 200), come qualunque studentello di statistica potrebbe spiegarvi. Dove sono andati a finire quei 18 dollari (196 – 178)?

Ed è a questo punto che gli alchimisti della finanza si mettono all'opera: il loro è il mondo in cui si può creare qualcosa dal nulla. L'origine di questo strano fenomeno umano va ricercata nella nostra tendenza a sopravvalutare le probabilità basse e a sottovalutare quelle alte. Diamo più credito del giusto alle basse probabilità e meno a quelle alte. Questa tendenza umana serve a gonfiare gli introiti di due settori importantissimi: le assicurazioni e le scommesse. È qui che troverete i dollari spariti nell'esperimento di prima.

Assicurazioni e scommesse: entrambi i settori possono esistere grazie alla tendenza umana a sopravvalutare le probabilità basse (le assicurazioni sono ambivalenti e sfruttano anche la pulsione contraria, quella a sottovalutare le probabilità alte). Da una parte, l'assicurato è troppo spesso desideroso di acquistare un po' di tranquillità a un prezzo che non riflette le scarse probabilità che una determinata cosa si avveri. Dall'altra, tendiamo a sottovalutare le chance – di partenza alte – di non avere mai bisogno dei servizi offerti da una compagnia di assicurazioni.

Ecco dunque che pur di avere quel minimo di vita serena non ci fermiamo a valutare le probabilità effettive che uno specifico evento si verifichi. «Voglio dormire tranquillo» è un'affermazione che riguarda un bene emozionale, non economico, un bene che siamo disposti a pagare a prescindere dalle leggi quantitative dell'economia. Detto francamente, se vi dessero una probabilità del 99 per cento di vincere 100.000 dollari, non sareste disposti a spenderne più di 1000 (l'aspettativa di rischio di non vincere) per dormire tranquilli ed evitare quell'unica probabilità di perdere?

Per inciso, le donne tendono a rischiare di meno e sono complessivamente più pessimiste degli uomini nel valutare le probabilità di profitto di un determinato investimento; di conseguenza investono con maggiore prudenza.

Solo nel 1995, gli americani hanno sborsato 8 miliardi di dollari per polizze sulla vita che si sono rivelate inutili, vale a dire il 10 per cento delle polizze acquistate quell'anno. Furono stipulate polizze per voli aerei, per malattie infettive rare e per altri eventi che, sull'onda dei media, la gente percepisce come pericoli reali, anche se il loro tasso di probabilità è vicino allo zero. Anche se l'influenza aviaria non può venire trasmessa attraverso il pollo cotto, la vendita del pollame subisce un crollo verticale ogni volta che una trasmissione televisiva riporta un caso isolato di infezione.

Questo comportamento irrazionale è particolarmente frequente tra i ricchi. Proprio chi potrebbe assicurarsi da sé o accettare polizze con franchigie elevate, non fa niente di tutto questo e sopravvaluta le probabilità di avere effettivamente bisogno di un'assicurazione. Così va a finire che lo strumento assicurativo, nato per servire coloro che non sono in grado di pagare i danni causati, viene acquistato da chi ne ha meno bisogno, insomma da chi si può permettere di pagare il premio.

Questo fenomeno dipende, con molta probabilità, dal modo in cui è strutturato il nostro cervello. Mentre l'emisfero destro è responsabile delle emozioni e della creatività, quello sinistro si occupa di numeri e cifre e tende a rifiutare i rischi alti; così, verosimilmente, questa zona del cervello li passa al vaglio di una rete di neuroni per poi spedirli all'emisfero destro, dove vengono valutati su un piano emotivo e trasformati in «storia». «Oggi è il mio giorno fortunato» oppure «Dio veglia su di me» si dice un giocatore prima di entrare al casinò.

Chiunque investa in titoli high-tech ha dovuto vaccinarsi contro questo genere di «storia», che fa inevitabilmente parte della presentazione di qualsiasi nuova impresa. Una storia ha un potere persuasivo enorme, capace di accecare un potenziale investitore riguardo alle reali probabilità di successo – basse per definizione – di una società ai suoi esordi.

Nel 2001, in occasione di uno studio intitolato *Money, Kisses, and Electric Shocks* («Soldi, baci e scosse elettriche»), Christopher Hsee e Yuval Rottenstreich dell'Università di Chicago scoprirono che il modello psicologico per cui abbiamo la tendenza a sopravvalutare le probabilità basse e a sottovalutare le alte è particolarmente potente nei casi di situazioni di grande tensione emotiva.

Un gruppo di studenti doveva scegliere tra baciare la propria star preferita o ricevere 50 dollari in contanti: quasi tutti scelsero i soldi. Ma quando a un altro gruppo fu chiesto di scegliere se partecipare a una tombola il cui premio era la probabilità dell'1 per cento di incontrare e baciare la propria star preferita, e un'altra in cui era in palio l'1 per cento di probabilità di vincere 50 dollari, quasi tutti preferirono puntare sul bacio al divo.

Secondo i ricercatori, in una situazione di grande emotività (la lotteria in questione ne è un esempio), tendiamo a lasciarci trascinare dal sentimento, immaginando i due possibili esiti, in questo caso l'emozionante bacio di una star del cinema da una parte e un banalissimo mucchietto di soldi dall'altra.

E nella nostra vita lavorativa quotidiana? Come si fa a non commettere errori collegati alle probabilità o a situazioni in cui prevale l'aspetto emotivo? La soluzione non è poi così difficile: è necessario separare le due fasi che portano alla decisione. Un manager vaglierà le probabilità di successo o di insuccesso di una determinata politica, mentre un altro prenderà la decisione vera e propria sulla base delle valutazioni fatte dal primo. La fortuna, si sa, favorisce chi non si lascia cogliere impreparato.

Levate l'ancora!

Vediamo se indovinate qual è la variabile che conta più di tutte quando stiamo conducendo delle trattative. Che sia uno speciale guizzo per gli affari? Raramente. L'eccezionale pazienza dimostrata da una delle parti? Certo, aiuta, ma non è determinante. Una certa familiarità fra i due contraenti, forse? Anche questo può accadere, ma non è la regola.

E allora di che variabile si tratta? Ecco la risposta: l'offerta iniziale. Che compriate o vendiate, che il prezzo sia l'unico elemento in discussione o che ve ne siano altri, l'offerta iniziale di una delle parti è il fattore determinante.

Ragionando da comportamentisti, possiamo dire che l'offerta iniziale funge da «ancora». Nel momento in cui ne fa una, l'offerente sta ancorando la propria controparte alla trattativa. L'ancoraggio è uno dei più potenti fenomeni del pensiero finanziario e incide sul modo in cui compriamo, risparmiamo, prendiamo denaro in prestito e investiamo. Il potere dell'ancoraggio è così forte proprio perché, in linea di massima, non ci rendiamo conto della sua esistenza.

Per capire fino in fondo di che cosa sto parlando, leggete qui di seguito e cercate di rispondere alle successive due domande: Omar Khayyam è il più celebre fra i celeberrimi matematici arabi. A lui è attribuita la scoperta dello zero (ma anche la stesura del *Rubaiyat*, una raccolta di poesie di stupefacente bellezza), che ha portato a una vera e propria rivoluzione nell'algebra.

- Gli eventi sopra descritti hanno avuto luogo nel 282 avanti o dopo Cristo?
- In che anno è morto Omar Khayyam?

La prima domanda, come certamente avrete indovinato, non è che uno specchietto per le allodole, un diversivo. Serve solo a ficcarvi in testa un numero. Se volete saperlo, 2-8-2 sono le ultime tre cifre del mio telefono in ufficio. È anche possibile che abbiate pensato che l'anno 282 d.C. fosse un po' presto per l'invenzione dello zero, visto che non esiste un numero romano che lo indichi e l'Impero Romano è caduto dopo il 282. Tuttavia, quando andrete alla ricerca di un numero più preciso, come quello che vi si richiede per la seconda domanda, vi accorgerete che il 282 vi ronza in testa e abbasserà il valore numerico della vostra risposta. Di conseguenza la cifra che proporrete sarà troppo bassa, troppo vicina a 282, mentre Omar Khayyam morì probabilmente nel 1131.

Insomma, di preciso che cosa vi sta succedendo? Il numero 282, che figurava nella prima domanda, non ha alcun rapporto con la seconda. Ma quando cerchiamo di fare una stima numerica di una cifra sulla quale siamo assolutamente incerti, il nostro cervello tende a tornare all'ultimo numero capitatoci sott'occhio, come se potesse essere rilevante, anche se in realtà non ha nulla a che vedere con l'argomento trattato. Signore e signori, ecco a voi l'ancora.

Daniel Kahneman e Amos Tversky, che hanno dato inizio alla ricerca sulle idiosincrasie umane in relazione alle nostre decisioni in campo finanziario, tentarono il seguente esperimento: mostrarono a un gruppo di studenti una ruota della fortuna sulla quale erano scritti i numeri da 1 a 100. Dopo aver fatto girare la ruota e aver annunciato il numero sul quale si era fermata, i ricercatori chiesero: «Qual è la percentuale di paesi africani rappresentati presso le Nazioni Unite?». Naturalmente, non vi è rapporto di sorta tra i due numeri, ma, con grande sorpresa dei ricercatori, nel gruppo in cui la ruota si era fermata sul numero 10, il risultato medio fu il 25 per cento, mentre nell'altro, in cui la ruota si fermò su 65, la risposta media fu 45. In successivi esperimenti si ottennero risultati analoghi. Il numero su cui si fermava la ruota diventava l'ancora per la risposta alla domanda sulla rappresentanza dell'Africa presso le Nazioni Unite.

La nostra vita finanziaria è piena di ancore, specialmente quando ci muoviamo in aree lontane dal nostro campo specifico. Per esempio, se avete intenzione di acquistare una polizza sulla vita, sarete forse particolarmente vulnerabili per quel che riguarda i livelli di copertura e i premi accettati normalmente dagli altri clienti. Basterà che l'assicuratore vi dica che la maggior parte delle persone della vostra età acquista una copertura da un milione di dollari con un premio di 2500 l'anno, ed ecco che questa sarà la base per la vostra discussione. Se arriverete a una copertura di mezzo milione con un premio di 1000 dollari, avrete l'impressione di aver fatto un affare, mentre sia la copertura sia il premio sono molto alti per una persona della vostra età e nelle vostre condizioni fisiche. L'agente assicurativo della mia storiella ha lanciato un'ancora nel vostro cervello.

Gli annali del mercato azionario sono pieni di ancore. Il prezzo che avete pagato per un'azione è un'ancora assai pesante al momento di vendere. E che rapporto c'è tra il prezzo che avete pagato per le azioni di una certa società due anni fa e il valore di quella società oggi? Qui, a mettere a rischio la razionalità della vostra decisione entrano in gioco anche altri fattori: una personale avversità nei confronti del rischio o la paura di pentirsi se i titoli dovessero salire una volta venduti.

E così, che lo vogliate o no, il primo prezzo nominato in sede di contrattazione diviene l'ancora. Molti uomini d'affari sono convinti che valga la pena di accettare una proposta invece di farla, dal momento che magari quella ricevuta potrebbe essere più vantaggiosa di quella che farebbero essi stessi. Questo non è in contraddizione con il fenomeno dell'ancoraggio, se teniamo conto del fatto che i risultati saranno comunque influenzati dalla prima offerta, che potrebbe essere migliore o peggiore di quella che non è stata fatta, ma in ogni caso stabilisce un punto fermo, e di conseguenza incide sul risultato finale.

In conclusione, come fare per evitare di rimanere incastrati con un'ancora troppo alta o troppo bassa? L'unica via che avete è bluffare, ignorare quel che è stato detto e continuare la discussione come se non aveste sentito niente. D'altra parte, se l'offerta ha qualche senso, sentirete dentro di voi il rumore di una catena: l'ancora cui siete agganciati starà cominciando la sua lenta discesa.

Il canto delle sirene

Chiunque abbia letto un libro di Damon Runyon (per esempio *Bulli e pupe*) sa che chi gioca ai cavalli scommette sempre su una storia, non su un cavallo in carne e ossa. In altre parole, per dirla con Runyon, ci sono cavalli che non vincono neanche se sono gli unici in gara e cavalli talmente pieni di fuoco che vincono anche se strisciano con la pancia a terra per tutta la corsa. I nomi di questi cavalli, vincenti o perdenti che siano, sono oggetto di leggende che sentiamo sussurrare mentre piazziamo la nostra scommessa.

In un mondo razionale, prima dovremmo mettere insieme tutti i dati, poi analizzarli e infine giungere a una decisione. Nel mondo reale, invece, come molti di noi sanno, sbagliamo già nel raccogliere le informazioni, perché tendiamo a preferire quelle a sostegno della nostra posizione iniziale.

In più, il mondo reale presenta un'altra grande differenza, assai importante per chi deve fare un investimento. Mentre nel mondo razionale dovremmo soppesare i dati raccolti e poi prendere la decisione, in quello reale tendiamo a saltare a piè pari quella fase per puntare diritto alla «storia», che scegliamo in base alla sua idoneità a spiegare tutti gli elementi che abbiamo raccolto e a collegarli tra loro. Dal momento che «adottiamo» questa o quella storia, essa diventa il fondamento della nostra decisione, e lasciamo cadere completamente la fase razionale in cui si soppesano i nudi fatti e il loro significato.

Nancy Pennington dell'Università di Chicago e Reid Hastie della Northwestern University per più di vent'anni hanno studiato lo *story model*, le modalità attraverso cui un soggetto crea per sé questa «storia». Chi prende una decisione, sostengono Pennington e Hastie, si costruisce una storia chiara, che spieghi i dati, e da quel momento respinge qualunque informazione non rientri nel suo quadro; usa il proprio costrutto come punto di partenza per la decisione finale. A sostegno della loro teoria, gli studiosi americani analizzarono i procedimenti mentali dei giurati.

Nel più affascinante dei loro esperimenti, alcuni giurati, per l'appunto, dovevano leggere i verbali delle arringhe finali di 100 processi per omicidio. Metà erano arringhe della pubblica accusa e metà della difesa. I dati a disposizione dei partecipanti erano identici, ma per un gruppo erano ordinati cronologicamente, secondo la descrizione fatta dai legali; per l'altro, invece, le informazioni erano disposte nell'ordine in cui i testimoni avevano rilasciato le loro deposizioni.

Il fattore ordine risultò determinante. Nei casi in cui l'accusa presentava i fatti come una storia e la difesa li portava nell'ordine in cui li avevano riferiti i testimoni, il 78 per cento dei giurati giudicò l'imputato colpevole. Nella situazione inversa (la difesa presentava la storia in ordine cronologico e l'accusa secondo l'ordine in cui erano state fatte le deposizioni) solo il 31 per cento dei giurati ritenne gli imputati colpevoli.

A quanto pare chi gioca in borsa non ragiona molto diversamente. Uno studio del 1997 ha analizzato l'effetto delle voci incontrollate sui mercati finanziari. I ricercatori simularono due mercati azionari; gli investitori del primo ricevevano i flash delle notizie vere, mentre quelli del secondo venivano a conoscenza soltanto di voci. Nonostante i partecipanti affermassero di non essere influenzati dai pettegolezzi, le loro operazioni raccontavano un'altra storia. Se una diceria era in grado di spiegare il mutamento nel valore di un titolo, gli azionisti la consideravano come un fatto vero e proprio, e agivano di conseguenza. È chiaro che queste scoperte non fanno che avvalorare le tesi di Pennington e Hastie. Come i giurati, anche gli operatori di borsa preferiscono una storia a un fatto, il che finisce per trasformare le storie in qualcosa di molto pericoloso.

Nel mondo della finanza circolano alcune leggende che non mancano mai di fare grande effetto sugli investitori. Un posto speciale fra queste leggende spetta ai miti sulla crescita economica e sullo sviluppo di società e rami aziendali. La ragione è di una semplicità infantile: se oggi potessimo prevedere quali compagnie avranno i tassi di crescita più alti nei prossimi dodici mesi, potremmo guadagnare fino al 7,5 per cento l'anno (come hanno effettivamente fatto le aziende in crescita a partire dal 1975).

Eppure, se aveste seguito ciecamente questa formula magica e investito dal 1975 il vostro denaro nel 20 per cento delle società dell'indice azionario mondiale (MSCI) con il prezzo per azione più alto (il più lampante indicatore di futura crescita), ora vi trovereste indietro di un bel 6 per cento l'anno rispetto all'indice!

Quanto alle leggende sulla Cina e su altri mercati in via di sviluppo, l'effetto è simile. Se analizzerete il rapporto tra la crescita del PIL di un certo paese e i rendimenti del suo mercato azionario per gli anni 1988-2004, scoprirete, con enorme sorpresa, che si tratta di un rapporto inversamente proporzionale: i mercati con tassi di crescita relativamente bassi sono quelli che hanno dato i rendimenti più alti. Pare dipenda dal fatto che chi investe in mercati in via di sviluppo paga per le azioni un prezzo già comprensivo dell'aspettativa di crescita.

Secondo la mitologia greca, Ulisse ordina ai suoi marinai di tapparsi le orecchie e si fa legare all'albero della nave in modo da non cadere preda del canto delle sirene che minaccia di distruggerlo. E voi? Qual è la vostra storia preferita?

Azioni e porzioni

«Vuol sapere i nostri piatti del giorno?» chiede il cameriere. «Come antipasto le proporrei la General Motors in crosta con ripieno di formaggio di capra, veramente squisita; di secondo, Bank of America all'arancia con asparagi saltati; e per dessert, un grande classico: una pallina di Adidas in salsa di champagne al cioccolato.»

Che il cameriere sappia qualcosa che noi non sappiamo? Certo, dice James Montier, lo stratega planetario della Societé Générale per gli investimenti in capitali di rischio. Montier ha scoperto di recente *Mindless Eating: perché mangiamo senza pensarci*, di Brian Wansink, docente di psicologia presso l'Università dell'Illinois. Si tratta di un viaggio affascinante sui modi in cui il cervello umano prende le proprie decisioni riguardo al comportamento da tenere in presenza di cibo.

Montier, che di idiosincrasie che scattano quando si decide su un investimento se ne intende, non fu sorpreso dal fatto che distorsioni mentali non dissimili incidono sulle nostre abitudini alimentari. Alla fine, in entrambi i casi, il cervello che prende le decisioni è sempre lo stesso.

Se osserviamo il problema da un punto di vista dell'evoluzione della specie, le notizie non sono confortanti. Siamo programmati per apprezzare i cibi grassi in previsione di eventuali carestie; il sale che tanto amiamo ci aiuta a ritenere i liquidi e ci protegge dalla disidratazione; e la nostra preferenza per i cibi zuccherati ha origine nella necessità di distinguere tra le bacche dolci, commestibili, e quelle aspre, che potrebbero essere velenose.

Che ricevere un eccesso di informazioni nel mondo della finanza sia un vantaggio discutibile è stato ampiamente spiegato nelle pagine precedenti. Wansink e Montier aggiungono un nuovo elemento a questa equazione: potrebbe darsi che l'eccesso di informazioni sia addirittura dannoso. In occasione di un esperimento chiamato *MacSubway*, alcuni clienti dei fast food Subway e MacDonald dovevano rispondere a domande di natura numerica sul proprio pasto. In quel periodo la catena Subway forniva parecchie informazioni riguardo le componenti nutrizionali del cibo venduto, mentre MacDonald non ne dava affatto.

Dei 250 avventori del MacDonald, soltanto 57 ricordavano di aver visto qualche informazione riguardo al cibo che stavano mangiando; tra quelli di Subway, invece, sempre su 250, ce n'erano 157. Ma il fatto davvero curioso fu il collegamento tra l'informazione e la valutazione numerica del pasto. I clienti di MacDonald erano convinti di avere ingerito 876 calorie contro le 1093 reali, un errore del 25 per cento; mentre gli avventori di Subway, decisamente meglio informati sui valori nutrizionali, credevano di avere ingerito 495 calorie quando ne avevano ingerite 677. L'errore stavolta era del 36 per cento. Come abbiamo già avuto occasione di rilevare, l'informazione non è il sapere.

In uno dei suoi esperimenti, Wansink mise alcuni barattoli pieni di cioccolatini in varie posizioni negli uffici dei partecipanti. Alcuni stavano sulla scrivania, dove erano visibili e accessibili, altri nei cassetti (invisibili ma accessibili), altri, ancora, in cima a un armadio a un paio di metri dal luogo dove sedeva la «cavia». Questi dolcetti erano visibili ma non accessibili.

L'analisi dei comportamenti rilevò che l'aspetto più importante era l'accessibilità. I soggetti mangiarono tre volte più cioccolatini dai barattoli sulla scrivania che dai contenitori lontani, perché dovevano alzarsi e camminare per due metri.

Che lezione può trarre da questo chi investe nel mercato azionario? Montier sostiene che, considerato il grado di schiavitù all'informazione in cui vive il mondo della finanza, gli schermi dei computer che trasmettono in tempo reale i flash delle agenzie specializzate sono l'equivalente dei barattoli di cioccolatini sopra la scrivania. La possibilità di agire conduce alla necessità di agire (per esempio vendere o comprare un titolo), e tutta questa azione produce un solo risultato: prestazioni al di sotto delle aspettative.

L'abbondanza di opzioni è un ulteriore elemento dannoso che dipende dall'eccesso di informazioni disponibili. In un altro suo esperimento, Wansink pose davanti a un gruppo di persone che guardava un video due ciotole colme di confetti al cioccolato. Una conteneva confetti di 7 colori diversi; nell'altra i colori erano 10. (Per la precisione, non vi è alcuna differenza di sapore tra i diversi colori degli M&M's.) Incredibilmente, gli spettatori che si trovavano più vicini alla ciotola con 10 colori mangiarono la bellezza del 77 per cento in più di chi era vicino alla ciotola da 7.

Una ricerca condotta dall'Università del Texas ha studiato l'influenza delle pressioni sociali sulle nostre abitudini alimentari. Fu rilevato un legame strettissimo tra il numero di amici o membri della famiglia con cui siamo abituati a mangiare e la quantità di cibo che ingeriamo. Quando siamo a tavola con una sola persona mangiamo il 35 per cento in più di quando siamo soli; se siamo in sette, mangiamo addirittura il 100 per cento in più. A tavola e nel mercato azionario, ribellarsi alle pressioni sociali ci farebbe evitare calorie e perdite economiche.

Una delle più note caratteristiche del mercato azionario è l'inattesa comparsa di «storie», specialmente prima dell'uscita di nuove azioni, oppure in relazione a titoli il cui valore cresce velocemente. Wansink ha riscontrato alcuni effetti interessanti delle storie sul consumo alimentare. Offrì ai suoi soggetti sei tipi diversi di cibo in giorni diversi. Certi giorni, alcuni piatti erano definiti in modo semplice («fagioli con riso») mentre altre volte gli stessi cibi avevano nomi più elaborati («fagioli rossi Cajun con riso balsamico»).

Nei giorni in cui i nomi dei piatti erano complicati le vendite salivano mediamente del 27 per cento: eccovi dimostrato il potere di una storia. Ma non è finita qui: non solo se ne consumavano di più, ma chi li mangiava dava un voto più alto, sia per la qualità sia per il prezzo, alle tavole calde in cui venivano serviti.

Ciò nondimeno, la più importante conclusione cui giunge il libro è che non abbiamo coscienza delle distorsioni mentali che causano il bisogno di mangiare (e di investire) in modo sconsiderato, coscienza che potrebbe permetterci di comportarci in modo diverso.

La sfida più grande è affrontare la «tirannia del momento», come la definiscono i ricercatori; il momento, cioè, in cui osserviamo per la prima volta il distributore di caramelle o in cui ci offrono un certo titolo.

L'unico modo per sconfiggerla è adottare misure severe nelle abitudini di consumo. Per esempio, controllare che il nostro piatto sia pieno per metà di verdura o sparecchiare in fretta dopo mangiato, mentre c'è ancora cibo (disponibile e visibile) sulla tavola. L'equivalente per ciò che riguarda il mercato potrebbe essere investire su un titolo il cui rapporto P/E è inferiore, diciamo, a 16, proprio nel momento in cui i motori del «rumore» e i generatori dell'informazione elettronica fanno del loro meglio per raccontarci a tal proposito una storia meravigliosa.

Anonima Incettatori

I fratelli Homer e Langley Collier vivevano in fondo alla Fifth Avenue a Manhattan e nessuno dei loro vicini si era mai dato la briga di spiarli. La loro storia prese una piega tragica quando, nel 1947, i loro corpi furono trovati seppelliti da cento tonnellate di rifiuti urbani che i due avevano ammassato in molti decenni: giornali, libri, mobili, strumenti musicali e migliaia di altri oggetti.

Cinquant'anni dopo, Randy Frost dello Smith College definisce la malattia dei fratelli Collier «accumulo compulsivo». Secondo Frost, un po' tutta la nostra società soffrirebbe di questa sindrome e l'1 per cento circa ne sarebbe a tal punto affetto da avere bisogno di un sostegno terapeutico pur di scongiurare che gli capiti la stessa disavventura dei Collier.

A tutti noi accade prima o poi di acquistare oggetti di cui non abbiamo alcuna necessità; gli incettatori, però, non riescono a liberarsi di questi oggetti neppure quando è evidente che la loro utilità è zero. Preferiscono collezionare qualsiasi cosa, anche a costo di diminuire il proprio spazio vitale.

Secondo le ricerche condotte nel 1993 da Frost e R.C. Cross, la scusa più frequente per giustificare l'attaccamento a un oggetto di nessun valore è che potrebbe tornare utile in futuro. Altre scuse sono: l'oggetto è in condizioni perfette («Non si può buttare»); ha un valore sentimentale («Significa tanto per me»); e, infine, garantirà sicuramente un guadagno fra un po' di anni («Questo un domani varrà qualcosa»). Gli incettatori fanno fatica a mettere ordine tra i beni accumulati, perché per loro ciascun oggetto è speciale e cedere una cosa o un indumento è come perdere un pezzo della propria identità.

Sue Kay, psicologa inglese che ha fondato un'organizzazione senza scopo di lucro per dichiarare guerra all'ammasso di cianfrusaglie inutili, suddivide coloro che sono affetti da questa sindrome in varie categorie: le persone che mettono da parte perché non si sa mai; gli avari; i perfezionisti, che non vogliono separarsi da un oggetto perché temono che un giorno potrebbero pentirsi di averlo dato via; quelli che si sentono rassicurati; quelli che si ribellano alle privazioni subite durante l'infanzia; e perfino coloro che ammassano oggetti con la scusa del collezionismo.

Per testare il vostro grado di accumulo compulsivo, vi basterà rispondere alle seguenti domande: sentite la necessità impellente di aggiungere all'immenso numero di biro che già sommerge casa vostra la penna omaggio ricevuta a una conferenza? Quando passate davanti a uno scaffale pieno di riviste, avete la sensazione che in una si celi il segreto che potrebbe cambiarvi la vita, e ritenete quindi indispensabile comprarla? Conservate scrupolosamente le bollette della luce di dieci anni fa, anche se di appartamenti in cui non abitate più? Quanto tempo vi ci vorrebbe per trovare i seguenti cinque oggetti: il vostro passaporto, una chiave di scorta di casa vostra, il vostro ultimo estratto conto, il numero di telefono del vostro medico curante e una busta affrancata? Più di cinque minuti? Se è così, capirete come mai un cittadino britannico spende in media un anno intero della sua vita a cercare qualcosa.

Nel 2001 l'artista Michael Landy, davanti a migliaia di persone affascinate, inscenò un happening: si liberò di 7000 oggetti, catalogati in precedenza per l'occasione: fotografie, opere d'arte, oggetti di famiglia, perfino calzettoni. Il tutto veniva ridotto in polvere da dieci operai posti ai lati del nastro trasportatore che trascinava via gli oggetti. Le uniche cose che rimasero a Landy alla fine di questa sistematica distruzione furono il suo gatto e la sua graziosissima ragazza. «Alla fine» dice l'artista «ho provato un senso di libertà incredibile, come se qualunque cosa mi fosse possibile.»

Manfred Kets de Vries, docente all'Institut Européen d'Administration des Affaires (INSEAD), ha un'opinione assai originale sull'argomento leadership e sulle dinamiche fra individui e organizzazioni. De Vries combina felicemente profonde conoscenze di economia, management, psicologia e psichiatria. Nel suo libro *L'organizzazione nevrotica*, stabilisce un parallelo tra il comportamento patologico degli individui e quello delle organizzazioni. Vengono descritti cinque principali disturbi mentali: paranoia, tendenza alla drammatizzazione, depressione, schizofrenia e comportamenti compulsivi, sotto la cui voce si può certamente annoverare la sindrome dell'accumulo.

È possibile applicare la teoria di de Vries anche all'accaparramento compulsivo negli affari? La risposta è un sonoro sì. Intere divisioni d'ufficio create apposta per rispondere a bisogni che non sono più attuali; linee di produzione per articoli che non faranno mai un soldo; rimanere aggrappati a un immobile quando affittarlo avrebbe molto più senso; un eccesso di manodopera; proprietà intellettuali che non verranno mai concretizzate: questi e altri sono i «beni» accumulati dalle società finanziarie. Ma il bene di cui un businessman riesce a liberarsi meno di qualunque altro è il denaro contante che sta nelle sue casse.

Dal 2004 al 2006 le riserve di denaro liquido delle aziende statunitensi a carattere non finanziario sono aumentate del 150 per cento. Come i singoli individui, che giustificano le proprie abitudini all'accumulo con varie scuse prive di senso, anche le società ritengono l'instabilità politica, la legge Sarbanes-Oxley (che fa obbligo alle società quotate in borsa di disporre di un sistema di controlli interni e di ottemperare a rilevanti obblighi di trasparenza contabile) e la pressione fiscale internazionale motivi seri per ammassare denaro contante.

O forse, come accade nella teoria di de Vries, stiamo solo parlando del comportamento nevrotico di un'organizzazione nella cui dirigenza si è infiltrato un manipolo di accumulatori compulsivi.

Portiere, non buttarti!

Qualsiasi tifoso conosce l'importanza di un calcio di rigore: diretto, tirato da fermi da una distanza di undici metri, con il solo portiere a parare il colpo. Viene assegnato all'avversario quando si commette fallo all'interno dell'area della propria porta; a determinare la vittoria nei casi di pareggio dopo i 90 minuti regolamentari e i 30 supplementari, si usa una serie di calci di rigore.

Siccome i tempi di reazione dell'uomo sono lenti rispetto alla velocità della palla (più di 100 chilometri all'ora), il portiere non può sapere in che direzione tirerà il suo avversario, quindi deve decidere in anticipo da che parte lanciarsi per bloccare il pallone. La sua decisione non è del tutto casuale; il portiere terrà conto di ciò che sa dello stile di gioco del rigorista e osserverà il movimento dei fianchi dell'avversario sul punto di tirare: tutti elementi che gli consentiranno di avere più probabilità di prendere il pallone.

Da sempre il calcio di rigore affascina gli studiosi, poiché le sue caratteristiche ben si prestano a essere analizzate secondo la teoria dei giochi, in cui due giocatori scelgono la propria mossa simultaneamente, e solo due risultati sono possibili, in questo caso, segnare o non segnare. Così il campo da calcio diventa un fertile campo di ricerca economica.

Nel calcio il numero medio di gol per partita è soltanto 2,5, e le probabilità di parare un rigore sono meno del 15 per cento: il rigore stesso è dunque determinante per il risultato della partita; per questo gli sforzi eroici del portiere sono uno dei momenti più emozionanti del gioco.

È difficile da credere, ma un recente studio del «Journal of Economic Psychology» ipotizza che in realtà al portiere convenga di più non buttarsi, ma stare fermo in mezzo alla porta. Prima di arrivare a questa stupefacente conclusione, Miki Bar Eli e Ofer Azar dell'Università Ben Gurion del Negev e Ilana Ritov dell'Università ebraica di Gerusalemme hanno esaminato i risultati di 286 rigori tirati in tutto il mondo in partite di serie A o nei campionati internazionali, e intervistato 32 portieri professionisti.

Nel 93,7 per cento dei casi analizzati i portieri si sono gettati da una parte o dall'altra. Così facendo hanno bloccato il 13,5 per cento dei rigori. Ma se fossero rimasti piantati in mezzo alla porta senza saltare sarebbero riusciti a bloccare il 33,3 per cento dei tiri. Anche nei casi in cui riuscivano a prevedere da che parte sarebbe stato calciato il pallone e a buttarsi da quella parte, le probabilità di riuscita arrivavano soltanto al 27 per cento. (Ai politici interesserà sapere che le probabilità di avere successo spostandosi a sinistra sono più alte che passando a destra.) In altre parole, indipendentemente dalle scarse probabilità che la palla arrivi in centro, se questo dovesse davvero accadere il portiere avrebbe molte più probabilità di fermarla che se fosse mandata a destra o a sinistra. Da queste scoperte si evince quale sia la miglior strategia per i portieri: stare in mezzo alla porta e non buttarsi.

I ricercatori ritengono che le ragioni dell'energica ma inutile reazione dei portieri siano comprensibili alla luce della «teoria della norma» sviluppata da Kahneman e Miller negli anni Ottanta, secondo la quale, se sappiamo che una certa azione è normale, proviamo sentimenti negativi più forti a non compierla che a compierla. Per esempio, una persona che cercasse un nome in una lista cominciando a leggere dal fondo, e lo trovasse in cima alla pagina, proverebbe molto più dispiacere che se, come si usa fare di solito, fosse partita in alto e lo avesse trovato quasi in fondo.

Nel gioco del calcio è la norma che un portiere salti da una parte o dall'altra quando deve parare un rigore: dunque, se prenderà un gol, la sua frustrazione sarà molto maggiore se non si è mosso che se si è buttato. E questo ci porta alla *action bias*, la tendenza ad agire anche in circostanze in cui sarebbe meglio non fare nulla.

Il dottor Ofer Azar è convinto che i risultati delle sue ricerche siano validi anche per altri campi dell'attività umana. In una situazione in cui non vi è crescita, per esempio, i governanti danno inizio a un progetto soltanto perché sono convinti che sia necessario «fare qualcosa». Un manager che lavora da poco in una nuova società spesso si sente obbligato ad apportare cambiamenti perché è ciò che ci si aspetta da lui. «Per fare una frittata bisogna per forza rompere le uova» vi dirà. Ma qualcuno gli aveva forse chiesto la colazione?

Si potrebbe affermare che non esiste campo in cui una

tendenza all'azione sia dannosa quanto in quello degli investimenti. «Dopo aver passato molti anni a Wall Street, guadagnando e perdendo milioni di dollari, voglio che sappiate una cosa: i soldi non li ho fatti con il ragionamento; li ho fatti stando seduto ad aspettare.» Così dichiarava il leggendario speculatore Jesse Lavermore, che riuscì a salvarsi perfino dal crollo della borsa del 1929.

Il ricercatore di Berkeley Terrance Odean ha dimostrato che gli investitori tendono a scambiare i titoli a un tasso che non li avvantaggia. Ha perfino calcolato il prezzo del fenomeno: il 3,5 per cento sui guadagni annui.

Ma non dimenticate le parole di Blaise Pascal già citate all'inizio di questo libro: «Tutta l'infelicità degli uomini proviene da una cosa sola: non riuscire a restare seduti tranquilli n una camera».

Sul rimpianto

Nel settembre del 1990 gli uffici della rivista «Parade» sembravano un manicomio. I telefoni squillavano all'impazzata, e fin dalla mattina presto era stato recapitato un profluvio di lettere, molte delle quali da parte di lettori furibondi che, ignorando il servizio postale, avevano consegnato le missive a mano.

Che cosa aveva causato tutto quel cancan? La risposta al quesito matematico di un lettore data da Marilyn vos Savant nella sua rubrica *Ask Marilyn*. La vos Savant, definita dal Guinness dei primati la persona dal quoziente intellettivo più alto al mondo, in ogni numero della rivista dava prova della propria intelligenza fornendo ai lettori risposte ai loro quesiti spesso di assai difficile soluzione.

Nel numero di settembre si trovava la domanda seguente:

> Supponiamo che siate invitati a un quiz show, e che vi si chieda di scegliere fra tre porte. Dietro a una vi è un'automobile, dietro le altre due una capra. Voi scegliete una porta,

supponiamo la numero 1, e il presentatore, che sa che cosa c'è dietro a ciascuna porta, ne apre un'altra, mettiamo la numero 3, dietro la quale c'è una capra. Vi dice: «Vuole scegliere la porta numero 2?». Conviene cambiare porta?

Craig F. Whitaker, Columbia, Maryland

Dal momento che la domanda ricordava una situazione che i lettori della rubrica già conoscevano dal programma televisivo *Let's Make a Deal*, la questione divenne nota come «il problema di Monty Hall» in onore di colui che per molti anni aveva condotto quel gioco.

Pensateci per un momento. Le probabilità di trovare quella stupenda macchina aumentano con la scoperta di una capra dietro la porta numero 3? La stragrande maggioranza del pubblico ritiene di no, perché crede che ci siano esattamente le stesse probabilità di trovare l'auto dietro alla porta 2 come dietro la porta 1, anche dopo che si è trovata una capra dietro la porta 3. Di conseguenza non vale la pena di scegliere un'altra porta.

Ma Marilyn vos Savant la pensava diversamente. Secondo la sua analisi, la scelta doveva cadere sulla porta 2, perché c'erano due probabilità di successo su tre, mentre la porta 1 ne aveva soltanto una su tre. Se questa risposta non vi soddisfa, be', non siete i soli. Le lettere di protesta inviate alla rivista provenivano anche da noti matematici.

Mark Haddon si interroga proprio su questo problema nel capitolo 101 del suo delizioso libro *Lo strano caso del cane ucciso a mezzanotte*. Il suo modo semplice di affrontare l'argomento non lascia adito a dubbi. Il protagonista del libro, Christopher Boone, disegna un grafico con tutte le possibilità e di conseguenza ci dispensa dal fare calcoli complessi.

Come si vede nel grafico seguente, infatti, cambiando la vostra scelta iniziale avrete due probabilità su tre di vincere la macchina. È evidente che vale la pena di cambiare.

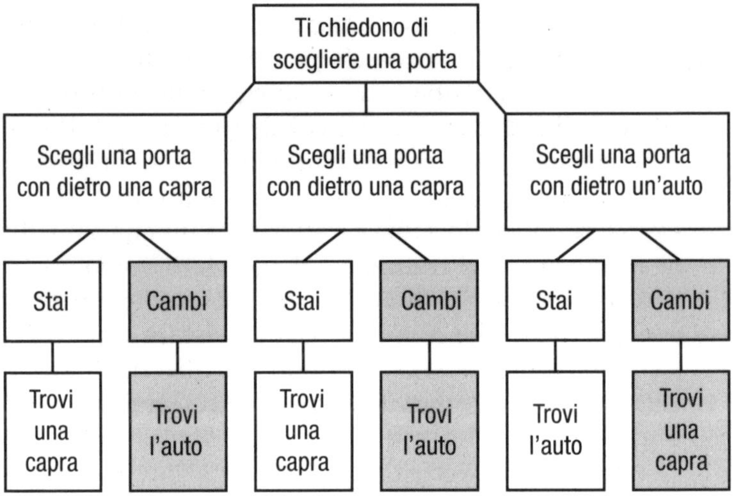

Non è più una questione di probabilità: rappresenta l'intera gamma delle possibilità, e cambiare quando le possibilità sono due su tre conviene.

E adesso che la sfida matematica è stata risolta, rimane da capire perché le persone si fidino di più del proprio intuito, rifiutandosi di accettare questa risposta ragionata anche dopo averla letta.

Per lo più gli scienziati ritengono che dipenda dalla naturale fatica che tutti noi facciamo a seguire un ragionamento quando si parla di probabilità.

Secondo gli esperti, non è facile per la mente umana quantificare il valore della nuova informazione ricevuta nel momento in cui il presentatore apre la porta numero 3. Dal momento che lui sa che cosa sta dietro ciascuna porta, e visto che l'ultima cosa che vuole è rovinare il divertimento dei suoi telespettatori prima del necessario, aprirà sempre la porta dietro alla quale la macchina non c'è. Ecco perché vi è un aumento delle probabilità di trovare la macchina dietro alla porta non scelta e non aperta dal presentatore. Quando è possibile elencare tutte le opzioni come nel grafico sopra, non c'è più bisogno di discutere.

Vorrei aggiungere una piccola spiegazione a proposito dell'immobilità di pensiero di cui danno prova tutti coloro che rimangono aggrappati alla loro scelta originaria come a un salvagente. La fonte di questa immobilità potrebbe essere collegata a una caratteristica umana assai diversa, la stessa che ci trattiene dal cambiare corsia anche se ci accorgiamo che quella di fianco a noi scorre più velocemente, la stessa che ci impedisce di spostare denaro dai nostri conti correnti su investimenti che offrono la possibilità di maggiori guadagni, la stessa che ci rende indecisi se vendere o no un titolo anche se lo vediamo crollare, o che ci impedisce di comprare un'azione salvo poi vederla salire alle stelle. Alla base di tutti questi comportamenti c'è il tentativo di non doversi poi pentire. Per l'uomo il pentimento è assai più doloroso di una perdita. A nessuno piace perdere qualcosa, ma la sensazione che avresti potuto impedirlo rende il tutto particolarmente difficile da sopportare. La maggior parte di noi farebbe grandi sforzi pur di non provare un rimpianto. Una perdita economica è un prezzo comune da pagare per evitare la paura di doversi pentire.

Per spiegare che cosa intendo a proposito delle varie sfumature del pentimento e del rimpianto, provate a immaginare per un momento di aver comprato per tutto l'anno scorso i biglietti della lotteria puntando sempre sullo stesso numero. Un amico vi suggerisce di cambiare numero e di puntare sulla vostra data di nascita. Primo caso: accettate la sua proposta, solo per scoprire che il vostro vecchio numero ha vinto. Secondo caso: continuate a giocare il vostro vecchio numero, solo per scoprire che il numero vincente è quello della vostra data di nascita. Quale di queste due ipotesi vi fa stare peggio? La prima, naturalmente. Il dolore che ci proviene dall'aver agito (rimpianto di un'azione commessa) quasi sempre fa più male del rimorso che proviene dal non aver agito (rimpianto di un'azione omessa). Nel caso del gioco televisivo, la decisione di agire cambiando porta crea una situazione di maggior responsabilità per le proprie azioni rispetto a una reazione passiva quale sarebbe quella di continuare a optare per la porta originaria. Quante più responsabilità ci assumiamo, tanto più grande sarà il nostro rimpianto.

Uno studio (non pubblicato) di Daniel Kahneman e Richard Thaler prova a gettare luce sulla questione. A più di 100 ricchi investitori fu chiesto di raccontare una scelta finanziaria di cui si erano pentiti in modo particolare e definire se si trattava di una decisione attiva o passiva. Come c'era da aspettarsi, per la maggior parte degli investitori i più grandi rimpianti erano stati causati da decisioni attive, per investimenti che sarebbe stato meglio non fare. Nelle persone che invece si erano pentite di non avere agito si riscontrava un aspetto comune: nel loro portafoglio di investimenti avevano una quantità relativamente grande di titoli azionari. Questo indicherebbe che chi tende a rimpiangere un'opportunità perduta per colpa di un comportamento passivo sia per carattere incline ad assumersi rischi più alti della media.

Anche il tempo gioca un ruolo interessante nella questione. La teoria che il pentimento per decisioni attive sia più doloroso di quello per scelte passive è vera soltanto sul breve periodo. Alla lunga, infatti, sono queste ultime a causare più dolore. Mark Twain espresse questo concetto in modo mirabile quando disse: «Tra vent'anni sarai più deluso per le cose che non hai fatto che per quelle che hai fatto».

In conclusione, vale la pena di rischiare se siete abbastanza forti da superare la paura di pentirvene. Tutto questo, naturalmente, sempre che non preferiate le capre alle automobili.

Uomini e topi

Se si potesse includere qualche animale nella classifica di «Time» delle 100 persone più importanti del pianeta, io proporrei la nomination per certi piccioni e ratti, e più specificamente per quelli usati da B.F. Skinner, il padre della psicologia neocomportamentista, a sua volta definito da «Time» nel 1971 «il più importante psicologo americano vivente».

Il contributo più importante dato da Skinner all'economia moderna è la scoperta che, se diamo a ratti e piccioni la necessaria gratificazione in seguito a uno specifico atto da essi compiuto, siamo in grado di influenzare i loro comportamenti. Chi fosse sopravvissuto al corso di Psicologia 1 ricorderà che vi sono due scuole di filosofia educativa: il condizionamento classico (quello dei cani di Pavlov) e quello operativo, sperimentato da Skinner sui suoi ratti di laboratorio. All'opposto di Pavlov, il quale dimostrò che si può collegare una reazione preesistente (la salivazione) con un determinato stimolo (il suono di un campanello), Skinner scoprì che, premiando ratti o piccioni, di solito con cibo, per aver compiuto una determinata azione, era possibile indurli a ripeterla.

L'idea, allettante nella sua semplicità, che «se fai X ottieni Y» è avvalorata da tutti i principi dell'economia occidentale. Ricevere premi o evitare punizioni è, secondo Skinner, la motivazione principale per ogni nostro atto.

Skinner è stato oggetto di critiche tanto da parte dei lettori quanto da quella degli scienziati, perché finisce per invalidare in toto il concetto di libero arbitrio. Dal suo punto di vista, l'Io libero di scegliere non c'è e la nostra esistenza non è che la somma dei nostri comportamenti, i quali sarebbero in ultima analisi dettati soltanto dalla speranza di un premio.

A causa delle scoperte di Skinner, centinaia di milioni di impiegati e dirigenti ricevono incentivi economici. Se nel 1985 solo l'1 per cento degli amministratori delegati di aziende americane veniva compensato in base al prezzo di un'azione della compagnia, oggi è la norma in oltre il 60 per cento dei casi. Più dell'85 per cento dei posti di lavoro in tutto il mondo funziona in base a questo sistema di premi o ad altri analoghi.

Una delle scoperte più umilianti a proposito del genoma umano è che abbiamo una struttura genetica molto simile a quella dei topi. Ma anche sapendo questo, può davvero dirci qualcosa sul comportamento umano la reazione di un ratto chiuso in gabbia, ridotto alla fame, che deve soltanto premere la leva giusta per ottenere cibo?

La realtà ci porta buone notizie. Un gran numero di studi condotti in questi ultimi anni ha indagato la concezione tradizionale del meccanismo di premio e castigo. Per un certo tempo i nostri economisti, educatori e uomini politici hanno considerato l'incentivo esterno come il metodo più efficace per intervenire sul comportamento. Tuttavia, ricerche più recenti nel campo della psicologia educativa ci inducono a pensare che molti nostri comportamenti dipendano dalla spinta etica interna di ciascuno di noi. In questa nuova prospettiva, sarebbe una serie cospicua di diversi fattori a influenzare i nostri comportamenti, tra cui una naturale curiosità verso noi stessi e ciò che ci circonda, una propensione alle sfide e il desiderio di affinare le nostre doti e di raggiungere un livello superiore e più complesso di comprensione della realtà. Come è ovvio, il rinforzo positivo, un fattore esterno, manca clamorosamente dalla lista.

L'utilizzo di incentivi ha un suo costo, sebbene invisibile. Quando riceviamo un premio perché abbiamo eseguito bene un lavoro, perdiamo un po' della nostra autonomia, della sensazione che il lavoro svolto ci appartenga. Siccome veniamo giudicati secondo criteri pratici, esterni a noi e non in base al nostro metro interiore, l'immagine che abbiamo di noi stessi ne risulta danneggiata. La poca stima di sé è un sintomo comune a tutti quelli che sono obbligati a competere per una ricompensa esterna, e che dunque non lavorano per la propria soddisfazione personale. Il premio che viene da fuori si fonda sul dovere, mentre quello interiore si fonda sul piacere. I passatempi sono un ottimo esempio di quest'ultimo tipo di gratificazione.

Nel 2000 Genizi e Rosticcini condussero un esperimento con un gruppo di ragazzi delle scuole superiori a Haifa, in Israele; i risultati mostrano i limiti del meccanismo della ricompensa. I due studiosi divisero 180 studenti in 3 gruppi, e chiesero a ogni gruppo di raccogliere fondi per una nota organizzazione benefica. Gli studenti assistettero a una conferenza sull'importanza di lavorare insieme per un obiettivo comune, ma ai ragazzi del secondo e terzo gruppo furono offerte commissioni rispettivamente dell'1 e del 10 per cento su quanto riuscivano a raccogliere. I membri del primo gruppo, quello cui non era stato offerto alcun incentivo in denaro, raccolsero una media di 500 shekel contro i 154 del secondo e i 219 del terzo. Gli incentivi economici, concludono i ricercatori, finivano per interferire con la motivazione più valida, quella interiore.

Un analogo studio condotto in Svezia cercò di scoprire in che misura incidesse la promessa di una ricompensa in denaro sulla decisione di donare sangue. Anche qui non era d'aiuto, anzi, la percentuale di donne disposte a donare si abbassò quasi del 50 per cento.

In un altro esperimento fu chiesto a due gruppi di studenti di risolvere alcuni rompicapo; quelli a cui non era stato offerto denaro continuarono a lavorare anche dopo che il ricercatore era uscito dalla stanza, mentre quelli che erano stati pagati non provavano alcuna curiosità o interesse per i problemi esposti. In occasione di uno studio condotto da Teresa Amabile nel 1992 presso la Brandeis University, 10 pittori di professione furono chiamati a far parte di una commissione per valutare il lavoro di alcuni artisti: risultò che quanti avevano ricevuto un anticipo per il loro lavoro erano mediamente meno creativi. I membri della giuria non sapevano quali opere fossero state commissionate e quali no.

Cui bono? Chi ha qualcosa da guadagnare grazie agli incentivi? Di certo non il premiato. Per lo più sono le persone che non hanno mai messo in dubbio le teorie di Skinner a credere all'efficacia di tale meccanismo.

In certe aziende gli incentivi hanno sostituito il management. Se un operatore offre una buona prestazione, viene pagato e del resto non importa a nessuno. Il management, invece, richiede tempo, energia, pazienza e talento; per dare un premio occorrono soltanto soldi. Tra l'altro, che vi sia o meno un rapporto tra le prestazioni ricevute e i soldi spesi per i premi è ancora da valutare.

Sottoponiamoci a un test. Siamo abituati a offrire ai nostri figli o ai nostri dipendenti un premio perché imparino qualcosa, perché rafforzino il proprio senso sociale, perché credano di più in loro stessi? O stiamo semplicemente cercando di manipolarli? In fin dei conti, premio o punizione sono due facce della stessa medaglia: un tentativo di controllare gli altri. La vera scelta non è tra premio e punizione, ma tra pulsioni interne e pressioni esterne. Anche chi crede che l'esistenza stia tutta nei rapporti tra chi è controllato e chi controlla deve ammettere che un sorriso o uno sguardo possono avere un impatto non dissimile da quello di un premio in denaro.

Forse la pazienza è amara, ma il suo frutto è dolce

Il più noto ritratto di Hans Holbein il Giovane (1497-1543) è quello di Enrico VIII d'Inghilterra. Meno noto è quello, del 1533, di Cyriacus Kale, un mercante tedesco. Si tratta di un dipinto tipico dell'artista: Kale guarda diritto davanti a sé, con le braccia che riescono a malapena a limitare il corpo massiccio, pronto quasi a strabordare dalla tela; la luce proviene da destra e mette in evidenza la cicatrice che il mercante ha sul mento. Lo stile semplice e diretto con cui l'uomo è raffigurato (cifra distintiva di Holbein) caratterizzerà i numerosissimi ritratti di nobili inglesi e membri della famiglia reale che poseranno per l'artista negli anni successivi. Ma un momento. Che cosa si vede sullo sfondo? C'è una scritta accanto alla testa del mercante: «La pazienza è tutto». Che Holbein sappia qualcosa che noi non sappiamo?

Marc Hauser, docente di Harvard, e Alexandra G. Rosati, dell'Istituto Max Planck di antropologia evolutiva, hanno una risposta. In uno studio pubblicato di recente, indagano sulla pazienza, mettendo a confronto quella della scimmia e quella dell'uomo, e avanzano l'ipotesi che, nei periodi in cui le specie sono costrette ad adattarsi al mutare delle circostanze, devono anche imparare a rinunciare alla gratificazione immediata in cambio di vantaggi futuri. Gli animali studiati in passato non riuscivano ad aspettare più di due secondi, mentre la scimmia bonobo e lo scimpanzé hanno mostrato livelli di pazienza sconosciuti ad altre specie; addirittura, per quel che riguarda il cibo, gli scimpanzé hanno evidenziato una pazienza superiore perfino a quella umana. Alle persone coinvolte nell'esperimento furono offerti alimenti appetitosi quali uvetta e cioccolatini, mentre agli scimpanzé veniva offerta l'uva (il loro bocconcino preferito). A parte il tipo di cibo, le condizioni erano identiche: si poteva scegliere tra ricevere una porzione subito o tre porzioni dopo due minuti. Nonostante entrambe le specie preferissero avere una porzione più grande, soltanto gli scimpanzé erano disposti ad aspettare, anche fino a quattro volte più a lungo degli esseri umani.

In termini di evoluzione si tratta di una scoperta importante: significa che, se la pazienza riguardo al cibo è caratteristica comune a uomini e scimmie, essa doveva essere presente già prima che le due specie si distinguessero, quindi all'incirca quattro milioni di anni fa.

In occasione di un altro studio sulla pazienza si fecero

alcuni test sugli esseri umani: i partecipanti dovevano scegliere tra ricevere 20 dollari subito oppure una somma maggiore in futuro. I soggetti erano disposti ad attendere pazientemente anche fino a 172 giorni per avere 60 dollari in più, ma erano impazienti per ciò che riguardava il cibo.

Tutto sembrerebbe evidenziare che, pur condividendo noi alcune caratteristiche di pazienza con le scimmie, ne abbiamo molta di più in altri campi, per lo più astratti, ma meno in quelli più immediati, quali per esempio il cibo. Il denaro si adatta perfettamente alla descrizione.

Il ritorno per la pazienza dimostrata nel mercato azionario è stato studiato a dovere, tanto che si è giunti alla conclusione che gli investimenti a lungo termine convengono. Nonostante questo, presso la borsa di New York il tempo medio durante il quale un titolo rimane di proprietà dello stesso investitore si è ridotto a meno di nove mesi, e questo in gran parte a causa dell'enorme mole di dati a disposizione, che ci rende troppo sicuri di noi e ci fa agire troppo spesso. Un altro motivo è l'attenzione costante di cui è oggetto l'operatore quando investe a breve termine: egli deve rendere conto ai propri clienti ogni trimestre o addirittura una volta al mese, e sono i clienti stessi a fare pressione sugli operatori (i quali a loro volta desiderano mantenere i clienti), causando quindi inutili compravendite.

L'apparire di nuovi potenti programmi di computer rende ormai possibile analizzare storicamente i dati di quasi ogni cosa. Un gruppo di analisti finanziari della banca Dresdner Kleinwort, allora diretta da James Montier, ha approfondito questi temi in vari modi. Ha calcolato, per esempio, che la strategia più semplice dal punto di vista del valore, cioè acquistare il 20 per cento dei titoli meno cari (quelli nei quali il rapporto tra prezzo e utili societari è conveniente) dell'indice MSCI per l'Europa, avrebbe dato, a partire dal 1991, un rendimento superiore del 3 per cento rispetto agli indici di riferimento. Tuttavia, se l'investitore dovesse tenere quel portafoglio per cinque anni, il rendimento, già oltre le aspettative, accumulandosi raggiungerebbe il 32 per cento.

La spiegazione di questo fenomeno ci viene fornita da due studiosi, Eugene Fama e Kenneth French, in una ricerca del 2006 mai pubblicata, dal titolo *Migration* («Migrazione»). Fama e French analizzano il mercato azionario degli Stati Uniti tra il 1926 e il 2004, non solo dal punto di vista dei rendimenti azionari, ma anche delle probabilità che i titoli poco cari (in termini di rapporto tra prezzo e utili dell'azienda) avevano di «migrare» (cioè salire) verso la media P/E del settore corrispondente, e così facendo di produrre l'«alfa» desiderato (vale a dire una misura, adeguata al rischio, del cosiddetto «ritorno in eccesso» di un investimento). La probabilità che un titolo ritardato adegui il proprio rapporto P/E alla media di settore nel primo anno si aggira intorno al 23 per cento, e tende ad aumentare gradatamente con gli anni. Ecco la ragione del risultato positivo di quel portafoglio; ma perché il miracolo accada ci vuole pazienza, ma quella vera. Se solo gli scimpanzé potessero parlare...

Pericolo: alta tensione

Andate allo specchio e date un'occhiata alla vostra faccia: guardatela a lungo. Osservate in special modo gli occhi. Poi chiedetevi: sareste capaci di scaricare una scossa elettrica in corpo a una persona che non sa di partecipare con voi a un esperimento di psicologia, soltanto perché non è capace di ripetere un paio di parole che le avete letto? Immagino la risposta. Ecco a voi allora il prossimo scenario: siete l'amministratore delegato di una società per azioni, godete dell'appoggio generalizzato del consiglio di amministrazione, del rispetto dei vostri pari e dei colleghi e dell'ammirazione degli analisti. Considerereste un comportamento ammissibile, allo scopo di abbellire la relazione trimestrale della società e di mettervi in una luce migliore rispetto al mercato e ai vostri clienti, spacciare una considerevole uscita dalle casse della società per un investimento? Se leggendo queste righe sperate di ottenere un rinforzo positivo sul vostro carattere, è meglio che vi fermiate subito, perché, riguardo alle due situazioni presentate, ho un vago sentore che il vostro comportamento nella realtà non vi è porterebbe a nulla di buono.

Sebbene il secondo scenario sia messo sotto esame di continuo nei tribunali di tutto il mondo, è difficile considerare i casi di Bernard Ebbers, fondatore della WorldCom, di Kenneth Lay della Enron, di Conrad Black della Hollinger e di altri come un campione statistico rappresentativo dell'umanità.

Per ciò che riguarda il primo scenario, invece, le probabilità che voi – persone simpatiche, che amate la vostra famiglia e gli animali, che non perdete mai occasione di donare per una causa giusta – premiate il pulsante con la scritta «Pericolo: alta tensione» sono più del 60 per cento, e mi dispiace di dover ammettere che la cosa riguarda anche me.

L'esperimento fu condotto presso l'Università di Yale da Stanley Milgram. Le ricevute per gli elettrodi, gli interruttori, le cinture nere di gomma e i materiali per le registrazioni audio acquistati durante l'estate del 1961 sono ancora lì, muti testimoni della semplicità dell'equipaggiamento di cui si servì Milgram per inscenare uno dei più importanti esperimenti mai condotti.

Ai partecipanti fu spiegato che lo scopo della ricerca era indagare l'efficacia del castigo nel processo di apprendimento, mentre in realtà si andava a verificare il grado di acquiescenza all'autorità. I soggetti venivano fatti sedere davanti ad alcuni interruttori elettrici con segnati voltaggi diversi e una breve descrizione del grado di dolore inflitto da ciascun pulsante. Per esempio, 45 volt corrispondeva a una trafittura alla pelle, 180 a un dolore forte e 450 a una scossa estremamente pericolosa.

Veniva fornita ai partecipanti una lista di coppie di parole da insegnare ai propri allievi. Un «insegnante», vestito in camice bianco da laboratorio, incoraggiava a somministrare scosse di punizione agli «allievi» che avrebbero sbagliato la risposta. Naturalmente, sia gli insegnanti sia gli allievi erano attori che agivano secondo le istruzioni di Milgram. Gli allievi dovevano sbagliare sempre più di frequente, in modo da obbligare gli uomini cavia a porsi la domanda chiave, il cuore di questo esperimento: qual è il massimo castigo che una persona è disposta a comminare? Con l'aumentare degli errori, i soggetti aumentavano il voltaggio che credevano di infliggere. Gli allievi si lamentavano, chiedevano che si smettesse, cominciavano a battere contro il muro (il tutto organizzato in precedenza). Se i soggetti si rivolgevano all'insegnante per chiedere consiglio, questi raccomandava la calma e consigliava di continuare l'esperimento.

Incredibilmente, nella prima serie di sedute il 65 per cento (26 su 40) dei partecipanti arrivò ai 450 volt finali (e potenzialmente fatali). Dozzine di studi fatti successivamente in tutto il mondo confermano queste sconcertanti scoperte sull'acquiescenza all'autorità.

In una delle tante varianti meno note sperimentate da Milgram erano presenti due psicologi. Quasi all'inizio della seduta, uno dei due mise in dubbio l'autorità dell'altro e lasciò la stanza per protesta. Tutti i partecipanti di quel giorno si astennero dall'utilizzare il voltaggio più alto.

Milgram, i cui metodi erano assai controversi, riuscì tuttavia a provare che il comportamento dei partecipanti era dovuto in primo luogo alle circostanze. Per la psicologia sociale, tutto ciò che sta intorno a te (dove sei, in che ambiente) è più importante di quello che sei (la tua personalità). Se le cose stanno così, è sufficiente prendere una brava persona (per esempio il consigliere delegato di una società per azioni) e calarla in una situazione meschina perché la persona in questione si comporti in accordo con il contesto.

Ma quali sono le situazioni meschine all'interno della realtà di un'azienda? Come antipasto, eccovi un elenco parziale: un consiglio di amministrazione composto di amici e familiari dell'amministratore delegato; azionisti impossibilitati a cambiare lo statuto della società e l'ordine del giorno e quindi senza chance di influire sulle decisioni; seri impedimenti che rendono difficili manovre difensive per bloccare eventuali scalate all'azienda e tentativi di pagare una buonuscita ai manager indesiderati. Sono tutte cose in grado di paralizzare le regole di buon governo di una società.

Il professor Lucian Bebchuk, docente di Harvard ed esperto mondiale di *corporate governance* (l'insieme di norme che disciplinano la gestione di un'impresa), stese un elenco simile al mio in occasione di un'indagine sui rapporti tra prestazioni sul mercato di un'azienda e qualità delle norme che la regolano.

Lo studioso scoprì che strutturare il proprio portafoglio azionario tenendo i titoli le cui società avevano un punteggio alto per ciò che riguarda la *corporate governance*, e vendendo nel contempo allo scoperto i titoli con un punteggio basso, produceva, negli anni tra il 1990 e il 2003, un rendimento annuo del 7,2 per cento. Secondo Bebchuk, l'acquisto delle azioni di società con alti livelli di controllo conviene, e conviene parecchio.

Siete ancora davanti allo specchio? Se sì, eccovi un'ultima domanda: perché siete disposti a comprare le azioni di una società le cui regole riescono a trasformare una brava persona in un amministratore disonesto, visto che oltretutto questo acquisto vi farà perdere soldi?

La bellezza s'inchini all'età

Malcolm Gladwell, autore dei bestseller *Il punto critico: i grandi effetti dei piccoli cambiamenti* e *In un batter di ciglia: il potere segreto del pensiero intuitivo*, è il conferenziere più costoso del pianeta. Se l'avete pagato soltanto 50.000 dollari per una chiacchierata di un'oretta, è perché avete beccato il suo agente in un momento di distrazione. Eppure nel febbraio del 2006 Gladwell parlò gratuitamente agli studenti della Columbia University. Il titolo della conferenza era *La bellezza s'inchini all'età*, che era anche il titolo di un articolo da lui scritto per il «New Yorker», del quale era una firma quotatissima da molti anni. Per la prima e unica volta, il direttore del settimanale aveva rifiutato di pubblicare un suo pezzo. A tutt'oggi non è stato ancora pubblicato.

Nella prima parte della conferenza il giornalista mise a confronto – in termini molto tecnici, adatti a un pubblico specializzato – due rock band degli anni Settanta, i Fleetwood Mac e gli Eagles. Dopo una descrizione dettagliatissima di entrambe, la differenza principale fra le due band apparve evidente: si trattava dei modi opposti in cui l'una e l'altra erano arrivate al successo. Ai Fleetwood Mac furono necessari dieci anni e più di quattordici album per sfondare, mentre gli Eagles divennero celebri dopo il primo album. Il loro quarto disco, *Hotel California*, detiene il primato assoluto delle vendite di tutti i tempi negli Stati Uniti. E mentre gli Eagles diventarono ricchi fin da giovanissimi (avevano ventidue anni), i Fleetwood Mac fecero fortuna quando si erano già sposati per la terza volta, i loro figli andavano al liceo e le chiome di tutti cominciavano a ingrigire.

La tesi di Gladwell venne fuori quando, per spiegare le differenze di qualità nel lavoro di innovazione dei due gruppi, applicò a entrambi il modello quantitativo di David Galenson dell'Università di Chicago. Galenson, docente di economia, appassionato di arte e collezionista dilettante, fu il primo a condurre ricerche sul rapporto tra età e produttività nel campo dei lavori creativi. Lo studioso, analizzando i prezzi di migliaia di opere d'arte, riuscì a presentare un modello che prevedeva con un buon grado di approssimazione i prezzi di quadri e sculture sul mercato. Scoprì che le opere più care erano quelle prodotte o all'inizio della carriera di un artista (Picasso, Andy Warhol), o alla fine

(Cézanne, Jackson Pollock). I pittori del primo tipo sono in genere assai innovativi rispetto al proprio periodo storico, mente i secondi diventano innovatori con il passare degli anni, per tentativi e ripensamenti; il grande contributo creativo di questa categoria di artisti arriva tardi (il caso dei Fleetwood Mac secondo Gladwell). Effettivamente, nel novembre del 2006, in occasione di un'asta a New York, una natura morta di Cézanne dipinta quando aveva cinquantasei anni fu venduta a 37 milioni di dollari, mentre un'altra, dipinta a trentasette anni, ne fruttò soltanto 1,1.

Sì, ma perché il direttore del «New Yorker» si rifiutò di pubblicare il pezzo? Per lo stesso motivo per cui nel mondo dell'arte il modello di Galenson non ha credito e infastidisce gli esperti, che detestano i meccanismi troppo perfetti, anche quando le prove dimostrano il loro successo. È meglio far credere che giudicare un'opera d'arte sia un procedimento quasi magico, troppo complesso perché lo si possa quantificare in modelli statistici. Modelli come quello di Galenson cercano, invece, di mettere costantemente alle strette gli esperti, i quali a loro volta continuano imperterriti a preferire il giudizio umano: il proprio, per la precisione.

Un altro esempio riguarda due gravi disturbi mentali: la nevrosi e la psicosi. Mentre lo psicotico non riesce a mantenere il contatto con il mondo esterno, i nevrotici ci riescono, ma a un prezzo alto dal punto di vista emotivo. Essendo le terapie per questi disturbi molto diverse tra loro, la diagnosi è delicatissima.

Lewis Goldberg, docente presso l'Università dell'Oregon, è riuscito a sviluppare, appunto, un modello in grado di capire la differenza fra le due patologie. Le diagnosi sono corrette nel 70 per cento dei casi, mentre gli psicologi raggiungono il 60. Ma l'aspetto più sorprendente è un altro: una volta elaborato il modello, Goldberg lo ha messo a disposizione degli psicologi per permettere loro di diagnosticare le patologie con maggiore precisione. Il modello ha sì alzato la media dei successi diagnostici dei terapeuti, ma, sommando i risultati delle diagnosi degli psicologi con quelli del modello, la somma di successi risulta inferiore alla percentuale di successi ottenuta dal modello soltanto.

Si tratta di una scoperta importante, considerando che una delle opinioni più comuni sui modelli quantitativi è che sono utili come strumento in mano a un abile specialista. I risultati della ricerca di Goldberg e di altri sono inequivocabili: si tratta di un modello eccellente, di uno strumento utile alla diagnosi; qualunque tentativo umano di migliorarlo lo peggiora. È possibile una sola spiegazione: forse, a differenza di quella degli errori umani, la gamma degli errori possibili all'interno di un modello quantitativo è nota e definita. Eppure, tendiamo a dare più peso alle nostre opinioni, anche quando i modelli quantitativi si sono rivelati più efficaci.

William Grove e Paul Meehl dell'Università del Minnesota hanno analizzato 136 diversi studi che confrontano il giudizio umano con modelli statistici. I campi specifici di ciascuna ricerca erano molto vari, dal successo nello sport all'insuccesso negli affari, dagli ex carcerati in libertà condizionata fino alle reazioni all'elettroshock e altro ancora. Nella stragrande maggioranza delle ricerche, il modello quantitativo otteneva risultati uguali o migliori del giudizio umano. In alcuni casi dove l'uomo si era rivelato un giudice migliore, risultò che le persone in questione avevano accesso a dati non presi in considerazione dal modello.

Ilan Yaniv, docente all'Università ebraica, aggiunge al quadro generale, già sconfortante, la grande difficoltà con cui un essere umano accetta consigli. Anche qui tendiamo a dare maggior valore alle nostre opinioni ed esperienze che ai dati statistici cui siamo messi di fronte. Anzi, i risultati della ricerca di Yaniv indicano che crediamo per il 71 per cento alle nostre opinioni, mentre ci fidiamo solo al 29 per cento delle opinioni di un consulente o collaboratore. Se arrivassimo a 50 e 50 miglioreremmo di molto le nostre capacità decisionali.

In conclusione, perché ci intestardiamo a commettere errori? Qual è l'origine dell'eccesso di stima in noi stessi alla base di quasi tutti gli errori di origine umana descritti in questa sede? Dipende forse dalla straordinaria bravura che abbiamo nel realizzare le nostre aspirazioni? O dal nostro talento per i calcoli veloci? O dalla nostra tendenza a creare splendidi rapporti personali con genitori, figli e coniugi? Sì, abbiamo fatto qualche soldo in borsa. E allora?

Gestori di fondi: una specie in via di estinzione

Nel 1986 Gary Brinson e due suoi colleghi pubblicarono *Determinants of Portfolio Performance* («Le determinanti della performance di portafoglio»). Brinson, considerato alla stregua di un Warren Buffett, gestiva, al culmine della sua carriera, attivi societari per 400 miliardi di dollari. L'opera del gruppo di Brinson è importante perché, tra le altre cose, la distanza tra le sue conclusioni e il vostro conto in banca è una delle più corte della storia della ricerca economica.

I tre analizzarono 91 portafogli di grandi fondi pensione americani, ciascuno con almeno quaranta trimestri di attività in borsa. Naturalmente, durante il periodo studiato (1974-1983), i fondi avevano adottato strategie di investimento diverse, fattore che si rifletteva in modo evidente nei rendimenti, anch'essi di gran lunga diversi. L'obiettivo della ricerca, come suggerisce il nome, era cercare di attribuire le attività dei fondi alle caratteristiche delle strategie di investimento scelte e messe in atto. Tra le altre cose considerate, vi erano gli effetti di una pianificazione anticipata dell'*asset allocation* sulla prestazione dei fondi. Per *asset allocation* si intende il modo in cui un investitore distribuisce i propri investimenti su varie attività, indicando quale percentuale del portafoglio debba essere investito in azioni, quale in titoli a reddito fisso, quale in denaro contante.

I risultati lasciarono di stucco la comunità finanziaria. I tre scoprirono che non meno del 93,6 per cento dei rendimenti trimestrali proveniva dall'*asset allocation*. Sorprendentemente, nel lungo periodo risultò che, sulle prestazioni di un portafoglio azionario, solo il 2,5 per cento era in rapporto con la scelta delle azioni in sé, e un misero 1,5 con la scelta del momento in cui comprare o vendere. Il tutto, naturalmente, veniva considerato sulla base di investimenti a lungo termine.

Queste sensazionali scoperte hanno dato buona prova della loro validità anche in studi successivi, tra cui il più recente ed esteso è quello condotto da Vanguard, uno dei più grandi gruppi di investimento al mondo. Il database della Vanguard conteneva informazioni riguardanti nientemeno che 420 fondi comuni di investimento con le relative prestazioni su un periodo di quarant'anni.

Anche in questo caso, le prestazioni dei fondi venivano analizzate secondo vari criteri. Un'importante novità rispetto al lavoro di Brinson fu il confronto dei vari fondi, oltre che tra loro, come nella ricerca originaria, con un certo numero di indici standard. Per esempio, i fondi azionari venivano messi a paragone con i più importanti indici azionari per lo stesso periodo, mentre i fondi a reddito fisso venivano confrontati con i corrispondenti indici. Secondo lo stesso criterio, i fondi misti erano messi in parallelo con indici pesati nei quali la distribuzione dei fondi sulle varie attività di investimento era analoga.

I risultati della ricerca Vanguard confermano le scoperte di Brinson e dei suoi colleghi. Come lo studio originale, anche questo giunge alla conclusione che la distribuzione dei fondi è responsabile dell'80 per cento delle prestazioni, fattore che toglie importanza alla scelta delle azioni e dei tempi di intervento.

Non meno importante è la scoperta che i fondi comuni d'investimento producono rendimenti più alti dei fondi gestiti, anche se – che sorpresa! – sono meno rischiosi. La percentuale di fondi gestiti che battono i loro indici di riferimento non supera il 7 per cento e almeno la metà di questi risultati si può attribuire al caso. In effetti, se per un prodotto di un fondo azionario gestito si paga una commissione del 2,5 per cento o più, cui vanno aggiunte le spese di transazione e l'obbligo per il cliente di tenere parte del suo denaro in contanti, le probabilità che si riesca a spuntare qualcosa in più rispetto al mercato sono irrisorie.

In sostanza, dal quadro generale dello studio della Vanguard risulta che quella dei gestori di fondi pensione è una specie in via di estinzione.

La Vanguard, dal canto suo, imparò la lezione e si mise subito a preparare una vasta gamma di prodotti collegati agli indici. Il fondo che segue l'S&P è oggi il più grande del mondo. La IShares, una società sussidiaria della Barclays Bank fondata nel 2000, che offre solamente prodotti collegati agli indici, è arrivata in brevissimo tempo ad accumulare 120 miliardi di dollari (settembre 2005).

E i vostri soldi sono inclusi in qualcuna di quelle somme? Ve lo auguro. In base alla mia esperienza, e a quella di altri broker che si sono trattenuti dal comprare determinate azioni per timore di usare informazioni privilegiate, posso dirvi che si tratta di una strategia vincente, ma so anche che farete fatica ad adottarla: ve lo impedirà un eccesso di sicurezza in voi stessi.

L'*overconfidence* è quella stessa caratteristica umana che ci spinge a pensare di sapere più di quel che sappiamo, e ci fa sottovalutare il ruolo del caso. È l'arroganza per cui ci convinciamo che 1) ci stiamo comportando in modo prudente, 2) le cose brutte a noi non succedono, e 3) siamo capaci di calcolare quando entrare o uscire dal mercato e identificare un titolo ad alto potenziale di crescita prima di chiunque altro.

Una persona capace di tenere sotto controllo un ego divenuto ipertrofico solo perché ha puntato per caso sul titolo giusto capisce benissimo che in realtà azzeccare il cavallo vincente è una questione di abilità solo entro certi limiti. Un po' come azzeccare l'operatore finanziario giusto, quello in grado di battere il mercato regolarmente.

E allora non state a far fatica: in tutto il mondo ci sono centinaia di fondi rappresentativi del mercato che offrono una risposta a qualunque combinazione di *asset allocation*. La domanda è se desiderate davvero avere successo negli investimenti, pur sapendo che l'unico momento in cui le vostre scelte incideranno su tutto il processo è quello iniziale dell'*asset allocation*.

Se la risposta è sì, scoprirete che l'umiltà, così come in altri campi delle attività umane, vale tanto oro quanto pesa.

La media è morta. Viva la mediana!

La media è morta. I bibliotecari delle università di tutto il paese attendono con ansia i nuovi libri di testo di statistica e, mentre la bandiera pende a mezz'asta fuori dall'Ufficio nazionale per le ricerche economiche, si sta progettando un funerale in pompa magna. La mediana, che la sostituirà con sicuro successo, attende ansiosamente dietro le quinte.

La media è caduta vittima della propria incapacità di mantenersi all'altezza del suo slogan elettorale: RAPPRESENTAZIONE SEMPLICE E CONCISA. In un'intervista rilasciata prima delle elezioni, la media spiegava alla popolazione che «si impegna ad assumersi la responsabilità di rappresentare un gruppo di valori, in un modo semplice e conciso che permetta una valutazione rapida dell'ordine approssimativo dei membri del gruppo».

Gli anni d'oro della media sono durati secoli. Tra i suoi momenti più fulgidi ricordiamo gli esperimenti di impollinazione incrociata condotti dal monaco austriaco Gregor Mendel verso la metà del diciannovesimo secolo; egli pose le basi della genetica, permettendoci di capire perché i figli di genitori alti sono anch'essi alti (anche se non come i genitori) e perché quelli di genitori piccoli sono piccoli, benché, ancora una volta, non quanto i genitori. Gli scienziati chiamano questo fenomeno «regressione verso la media».

I fisici sono stati i primi a rendersi conto dell'imprecisione di questo strumento. Scoprirono che fin da 13,7 miliardi di anni fa, dai tempi del Big Bang, l'universo era andato espandendosi in modo non lineare, come si può evincere dal fatto che l'espansione è maggiore del previsto alle estremità dell'universo; questo non si poteva assolutamente spiegare con una semplice moltiplicazione della velocità per il tempo. La teoria della relatività generale di Einstein chiarì il fenomeno grazie al concetto di energia negativa (o oscura).

Anche le economie, pare, si espandono in modo non lineare. Il PIL degli Stati Uniti per tutto il 1835 equivale a quello di un giorno dei nostri tempi, così come l'intero ammontare degli scambi commerciali del 1952; e già parecchi anni fa l'ammontare totale delle telecomunicazioni di un giorno eguagliava quello complessivo annuale del 1984.

Questo espandersi si traduce direttamente in ricchezza personale. Fin dagli anni Settanta la disuguaglianza economica è andata aumentando a una velocità che ricorda quella delle galassie che si allontanano dal Big Bang. Per la prima volta nel 2007 tutti e quattrocento gli uomini più ricchi d'America della classifica Forbes 400 avevano un patrimonio che superava il miliardo di dollari. Il loro patrimonio netto complessivo è volato da 120 miliardi a 1250 miliardi di dollari. I primi dieci totalizzavano 202 miliardi, mentre i primi venti arrivavano a 335. Gli ultimi dieci avevano un'incidenza di soli 10 miliardi.

Il motore principale di questa rapida espansione dell'economia è il tasso di crescita, che introduce un elemento di accelerazione esponenziale non dissimile dalla materia oscura responsabile dell'espansione dell'universo.

Mi spiego meglio: immaginiamo 20 persone in una stanza, di cui 1 guadagna un milione di dollari l'anno e tutte le altre 40.000. Il loro reddito medio annuale sarà di 88.000 dollari ciascuno. Se calcoliamo, invece, la mediana, cioè il numero che separa la metà alta di un campione dalla metà bassa, in questo caso sarà 40.000. Ora triplichiamo il reddito del primo nella lista: arriveremo a 3 milioni di dollari, mentre gli altri rimarranno allo stesso punto. La nuova media sarà di 188.000 dollari, mentre la mediana non cambierà. In questo senso il nuovo metodo è più rappresentativo del gruppo nel suo complesso. Questo semplice esempio ci porta al concetto che la media è stata un fallimento e all'importanza della mediana come strumento «semplice e conciso» per valutare una popolazione in rapida espansione verso la periferia, verso i suoi estremi.

Per quanto riguarda la «rapida espansione verso gli estremi», in altre parole il divario economico e sociale, è già sufficiente dare un'occhiata ai beni dedicati solo ai più ricchi. Dal 2002 al 2007 anni, nel settore delle auto di lusso abbiamo assistito a un incremento nelle vendite dal 50 (Porsche) al 75 per cento (BMW), mentre gli altri produttori hanno visto un incremento di un più modesto 10 per cento. E sempre in quegli anni è stato costruito il 40 per cento degli edifici più alti del mondo. Ma cosa vuol dire tutto questo?

Be', se lavorate in un ufficio governativo impegnato nella lotta alla povertà, sono certo che sarete già a conoscenza dell'importanza della mediana in un mondo in cui il divario economico cresce a una simile velocità. Se, invece, siete un investitore, è ora di prendere in considerazione compagnie che vendono beni di lusso, o servizi quali case d'asta, jet privati e catene alberghiere a cinque stelle. A sentire i fisici, l'universo a un certo punto smetterà di espandersi e verrà risucchiato in un buco nero. Nel nostro caso, invece, sono sicuro che questo avverrà assai più velocemente grazie alla voragine creatasi nella nostra società. Forse dall'autopsia della media, si scoprirà che il suo è stato un suicidio.

Chiedere scusa

Avete offeso qualcuno di recente? Dimenticato una data importante? Il vostro compagno o la vostra compagna vi ha guardato in cagnesco o vi sta sottoponendo alla tortura del silenzio? O forse qualcuno deve delle scuse a voi?

Se avete ricevuto un'offesa, ho per voi una notizia che vi sorprenderà: non è possibile in nessun modo giudicare se le scuse che qualcuno vi farà saranno sincere o forzate. Fu Jane Reisman della Cornell University a fare questa triste scoperta in occasione di una ricerca pubblicata in cinque articoli sul numero di marzo 2007 del «Journal of Personality and Social Psychology».

Per uno dei suoi esperimenti, la Reisman chiese a 65 coppie di studenti di venire in laboratorio da lei. «Andrew», un suo collaboratore, andava da un componente di ciascuna coppia con l'incarico di lavorare insieme a un puzzle: avrebbero guadagnato 25 centesimi per ogni pezzo messo al suo posto. Il secondo membro della coppia veniva raggiunto da un'altra collaboratrice, «Lynn», e insieme i due dovevano guardare Andrew e l'altro che finivano il puzzle. Dopo qualche minuto di lavoro, Andrew riceveva una telefonata, si metteva a chiacchierare e non aiutava più a comporre il puzzle, e anche dopo aver terminato la conversazione continuava a disturbare il lavoro del partner in vari modi.

Quando il tempo giungeva al termine, Andrew chiedeva scusa spontaneamente a un terzo dei partecipanti, mentre al secondo terzo porgeva le sue scuse solo dopo che Lynn l'aveva sgridato. Con il rimanente terzo non si scusava affatto.

A esperimento ultimato, ai partecipanti veniva richiesto di scrivere in che modo ritenessero giusto dividere i soldi guadagnati. Nei casi in cui Andrew aveva chiesto scusa spontaneamente, gli studenti che erano stati a guardare ritennero equo per Andrew un 34 per cento, contro il 31 quando non aveva chiesto scusa, e meno ancora (il 19 per cento) quando lo aveva fatto solo in seguito al rimprovero di Lynn. Sorprendentemente, coloro che avevano collaborato attivamente con Andrew al puzzle (dunque quelli più colpiti dal suo comportamento) furono più caritatevoli, dandogli il 36 per cento nei casi in cui non aveva chiesto scusa. Per giunta, questo secondo gruppo non fu in grado di distinguere quando si fosse scusato spontaneamente e quando a forza. Due persone si spinsero a proporre addirittura il 40 per cento della somma.

Uno studio di controllo condotto successivamente dalla Reisman sugli stessi soggetti ci permette di approfondire le ragioni di questo fenomeno. Nella seconda seduta i partecipanti dovevano leggere un brano in cui un impiegato arrivava tardi al lavoro mettendo nei pasticci gli altri colleghi. In metà dei casi lo svogliato dipendente chiedeva subito scusa, e nell'altra metà lo faceva solo dopo che qualcuno l'aveva obbligato. Ai partecipanti si chiedeva di pensare se avrebbero accettato o meno le scuse, e poi di stabilire una graduatoria dei propri sentimenti in proposito. I soggetti che accettavano le scuse tendevano a dare una valutazione di sé decisamente più positiva di quelli che le rifiutavano. A quanto pareva, l'obiettivo determinante sia per quelli che erano stati offesi (quelli, vale a dire, che ci avevano rimesso direttamente) sia per quelli che si erano limitati a osservare durante il primo esperimento era il medesimo: vedersi ed essere visti dagli altri nella luce migliore possibile. Quelli che avevano subito il torto volevano essere considerati indulgenti, mentre gli osservatori, per mostrare la loro capacità di identificarsi con le vittime, desideravano punire chi chiedeva scusa forzatamente.

In Inghilterra, dove la parola «sorry» viene usata 368 milioni di volte al giorno, le scuse sono considerate un'esigenza sociale. In questo contesto, chi chiede scusa fornisce la prova che sono state da lui infrante le regole sociali, consente alla vittima dello sgarbo di recuperare la propria integrità e all'interazione sociale di tornare al suo normale status. A questo punto sarebbe interessante capire se riguardo alle scuse c'è una differenza tra i comportamenti degli individui e quelli delle aziende.

Anche se la logica direbbe che qualunque scusa, per parziale o incompleta che sia, è meglio di nessuna scusa, la ricerca indica il contrario. Jennifer Robbennolt, una ricercatrice dell'Università dell'Illinois, ha studiato le risposte di 145 assicuratori riguardo a sinistri in cui erano necessarie delle scuse per comporre amichevolmente un litigio. Laddove le scuse offerte erano incondizionate e ci si assumeva per intero la responsabilità, si arrivava a un accordo nel 73 per cento dei casi, mentre con scuse parziali il tasso di successo era del 35. Ma il dato più sorprendente è che il 52 per cento dei danneggiati era disposto a chiudere senza aver ricevuto alcuna scusa. La morale della favola è che in affari, diversamente che nei rapporti personali, non chiedere scusa somiglia di più a chiedere scusa incondizionatamente che a farlo controvoglia. Insomma, meglio niente che poco e malvolentieri.

Ma il premio per le scuse più perfette dell'anno 2007 va a David Neeleman, fondatore e presidente della JetBlue Airways. Questi scrisse personalmente a migliaia di viaggiatori rimasti abbandonati a se stessi negli aeroporti di tutto il paese per ore e ore a causa di alcune tormente di neve. Non solo: le sue scuse filmate sono finite su YouTube. Neeleman non cercava giustificazioni di sorta: si limitava a riconoscere i disagi procurati e a impegnarsi in termini realistici a eliminarne le cause grazie a un certo numero di misure che la compagnia aveva nel frattempo adottato, nonché a offrire dei buoni sconto, secondo la carta dei diritti del cliente della JetBlue stesa in seguito a questi ritardi.

Per finire, vorrei chiedere scusa a chiunque potrei avere offeso nel corso dell'ultimo anno. Sono assolutamente sincero, anche se le persone che ho offeso non possono sapere fino a che punto.

Libero arbitrio?

Qualsiasi gestore di ristorante con un minimo d'esperienza sa che il modo migliore di liberarsi di un vino che non vende è di metterlo sulla lista subito sopra il vino meno caro. La ragione, vi spiegherà, è che la maggior parte dei clienti non ci capisce granché; così chi sa che il conto alla fine toccherà a lui, quando si troverà a dover scegliere il vino più adatto, non avrà di certo il desiderio di spendere molto per una componente del pasto che non lo interessa più di tanto; d'altra parte, non vorrà passare per quello troppo parsimonioso (o peggio ancora, tirchio) con i commensali, e nemmeno con il cameriere. E sceglierà la seconda bottiglia più economica.

In America gli impresari delle pompe funebri hanno il loro gergo, che comprende l'espressione «strategia della terza cassa». Questi uomini sanno per esperienza che la famiglia del caro estinto, quando viene per scegliere una bara, tende a ignorare i due modelli meno cari, in genere optando per il terzo in lista; non è quindi un caso che questo posto sia occupato da un modello che frutta una cifra particolarmente redditizia per la ditta in questione.

A quanto pare, pilotando la volontà del cliente, questi ristoratori e impresari delle pompe funebri gli fanno un gran favore. Decenni di ricerca indicano che la maggior parte degli esseri umani non ha alcuna inclinazione per le scelte, fa fatica a definire i propri desideri ed entra in stato di angoscia all'idea di dover prendere regolarmente decisioni.

Tutti noi tendiamo a credere che essere liberi significhi poter scegliere secondo i nostri desideri, mentre, se ci troviamo davanti a un eccesso di opzioni, è proprio la libertà assoluta a toglierci ogni piacere.

Gli psicologi Sheena S. Iyengar e Mark R. Lepper hanno condotto un esperimento presso una gastronomia di lusso di Menlo Park in California. A un gruppo di avventori furono distribuiti buoni sconto per l'acquisto di marmellate di 6 gusti diversi, mentre a un altro gruppo fu data la scelta tra 24 gusti della stessa marca. Com'è ovvio, le persone indugiavano più a lungo presso il banchetto dove c'era più varietà, ma, al momento di acquistare, le cose andarono al contrario: il 30 per cento degli avventori dello stand con 6 tipi comprò la marmellata, mentre di quelli con i buoni per 24 tipi solo il 3 (!) comprò qualcosa.

Questa scoperta non avrebbe stupito Amos Tversky ed Eldad Shafir. Nella loro tesi sulla «Scelta in condizioni di conflitto psicologico» i due ricercatori sostengono che la tendenza a rimandare le decisioni o a non prenderne affatto è in rapporto diretto con il numero di opzioni disponibili.

In un libro pubblicato negli Stati Uniti nel 2004, *The Paradox of Choice: Why More Is Less* («Il paradosso della scelta: perché più vale meno»), il sociologo Barry Schwartz cerca di spiegare come mai una possibilità di scelta illimitata genera angoscia vera e propria: Schwartz, premio Nobel per l'economia nel 1978, seguace delle teorie di Herbert Simon, sa che un'azienda che usasse tutte le proprie energie nel processo infinito di inseguire l'opzione migliore, ben lungi dal massimizzare i profitti, avrebbe buone probabilità di fallire. Dunque un'azienda deve accontentarsi di una decisione che possa «satisfice», vale a dire un'opzione che non necessariamente sarà la migliore, ma che riesca a «satisfy», soddisfare, e «suffice», bastare (in affari si considera che una persona ha buone capacità decisionali non perché prende le decisioni migliori possibili, ma perché prende decisioni *tout court*). Schwartz teme che l'enorme varietà di prodotti e marche con cui noi come individui ci troviamo a dover fare i conti ci trasformi tutti in perfezionisti, un atteggiamento che, a sentire Schwartz, non può che portare sofferenza e angoscia.

Come si spiega che ci sentiamo più tranquilli con un menu di dieci piatti che con uno di trenta, con una lista di venti fondi pensione che con una di trecento?

Secondo Schwartz, dipende dal modo irrazionale con cui valutiamo le opportunità mancate. Invece di confrontare la nostra scelta definitiva con quella più vicina – quella più conveniente cui abbiamo rinunciato in seguito ai nostri ragionamenti – la confrontiamo con un miscuglio idealizzato di tutte le opportunità cui siamo stati obbligati a rinunciare. Una vasta gamma di opzioni, inferiori solo di poco a quella su cui si è fermata la nostra decisione ultima, finisce per gravare pesantemente contro l'unica opzione che ci porterà una felicità relativa. Di conseguenza, è probabile che vivremo il processo di selezione come qualcosa di tormentoso, oppure che vi rinunceremo totalmente, come hanno dimostrato Tversky e Shafir.

Prendendo per buono che scegliere l'opzione che ci renderà felici ci costa fatica, ci restano soltanto due possibilità: la prima è correggere l'intero processo di selezione; la seconda è tagliare drasticamente sul numero di opzioni che ci troviamo davanti.

La prima ipotesi ci riporta alla distinzione di Herbert Simon tra perfezionisti (sono le persone che non comprano un abito senza prima controllare tutti gli abiti esistenti e che non pagano un determinato prezzo senza prima controllare tutti i prezzi) e persone che si accontentano (quelle disposte ad accontentarsi di un'opzione di buon livello anche se non perfetta). Quando finalmente il perfezionista vedrà la luce e si trasformerà in una persona che si accontenta, sarà come un'alba che si leva su un essere umano appagato delle proprie scelte.

Per quanto riguarda la seconda ipotesi, è un'opzione di cui facciamo tutti uso quotidianamente. Grazie a quel che non mangiamo riduciamo il menu da trenta piatti a dieci: perché non vogliamo un alimento che ingrassa, o un cibo caldo o freddo; oppure non mangiamo carne, per citare solo alcuni dei filtri che mettiamo in funzione. Tendiamo a giudicare le persone che incontriamo in base alla prima impressione: un modo crudele per smorzare il dolore e la fatica di scegliere.

Tuttavia, nella vita personale come anche negli affari, la reazione più comune alla cultura illimitata del consumo è delegare. La gente legge i risultati dei sondaggi sui giornali, oppure sfoglia distrattamente le classifiche dei libri più venduti (stilate appunto per limitare le scelte e il disagio). I più ricchi assumeranno dei professionisti, poniamo un consulente o un architetto, i quali, per un prezzo adeguato, creeranno un prodotto che soddisfi le esigenze del committente. Ma il modo più banale e meno caro che ci sia per delegare, quello che utilizziamo quasi tutti, è affidarci a una marca.

I miliardi di dollari spesi da industrie, società di servizi e altre organizzazioni per la pubblicità e la propaganda ci forniscono uno strumento assai utile per ridurre la nostra libertà di scelta a poche opzioni, a noi familiari sotto forma di nomi e simboli commerciali. Se le aziende promettono anche prodotti di alta qualità, tanto vale mettere in atto la metamorfosi da perfezionista a persona che si accontenta: è una strategia vincente.

E così, in conseguenza della loro capacità di fornire una soluzione a un problema umano reale, i prodotti di marca sono diventati il potere più forte dell'Occidente consumista, e la fedeltà al marchio lo strumento più efficiente per abbattere il numero di opzioni.

Ho fatto molta fatica a decidere come finire questo capitolo. C'erano talmente tante possibilità interessanti che scegliere era troppo penoso.

Epilogo

Due sono uno di troppo

Il 19 novembre 2005, in Olanda, un passero entrò nel salone in cui si stava tenendo un prestigioso torneo di domino. Prima di morire, la povera creaturina fece cadere 23.000 tessere di domino. Un sito internet creato proprio in seguito a questo episodio è visitato da decine di migliaia di persone.

Nell'ottobre del 1987 il mondo tratteneva il fiato mentre una squadra di soccorso lavorava indefessa per due giorni nella speranza di salvare Jessica McClure, una bambina del Texas caduta in un pozzo abbandonato. Jessica, diversamente dal passero, si salvò, ma la domanda che sorge spontanea è la seguente: come mai le storie che riguardano una singola vittima, identificata con un nome e una fotografia, riescono a destare tanta compassione e interesse presso i media e a toccarci così profondamente, quando in tutto il mondo milioni di altri esseri umani senza nome e senza volto vengono massacrati o finiscono annegati o decimati dalle malattie lasciando indifferente il nostro cuore?

Mentre la maggior parte di noi, senza alcun dubbio, si adopererà per aiutare una singola persona in difficoltà, non è facile spiegare l'apatia dei nostri leader politici se prima non capiamo la nostra personale indifferenza verso le sofferenze di altre persone di cui non siamo in grado di cogliere l'aspetto individuale. Il grido «Mai più!» che seguì la fine della Seconda guerra mondiale sembra essere stato sostituito da «Ancora, ancora e ancora!».

Il premio Nobel Madre Teresa di Calcutta disse: «Se penso alla massa non agirò mai. Se guardo una sola persona agirò». Che le sue parole gettino un raggio di luce inquietante sulla natura umana?

Molti studiosi, per descrivere il processo mediante il quale giungiamo a prendere una decisione, parlano di «duetto tra emotività e logica». Benché l'analisi razionale sia uno strumento utile per valutare una determinata circostanza, la prima reazione che abbiamo, a quanto pare, si origina in quella sezione del cervello responsabile delle nostre attività emozionali. È la parte che, da un punto di vista evolutivo, si è sviluppata per prima e che può contare su tempi di reazione veloci e immediati. Il nostro intuito premerà il grilletto sempre in anticipo rispetto alle nostre facoltà di giudizio.

Le teorie comportamentiste e le ricerche sempre più numerose in questo campo sembrano indicare che la rappresentazione numerica della vita umana non è in grado di descriverne l'importanza, e che le statistiche riguardanti anche le più grandi catastrofi planetarie non riescono a trasmetterci il vero significato dell'orrore e della disperazione delle persone coinvolte, o a risvegliare i nostri meccanismi emotivi. E, privata delle reazioni emotive, la nostra logica non ha alcun modo di mettersi in moto.

Una delle maniere più efficaci per destare le nostre emozioni sopite è di aggiungere qualche «illustrazione» alla nostra storia. E naturalmente, l'immagine più rappresentativa della vita umana è il volto. In un mondo di numeri e grafici, la fotografia di un viso umano è lo strumento che ci permette di identificarci con i più sfortunati.

Anche se si tratta di un fenomeno ben noto in sede

sperimentale, le reazioni alle foto di Rokia, una giovane donna del Mali in stato di grave denutrizione, stupirono perfino gli studiosi che le utilizzarono per un lavoro di ricerca. Si offrivano tre possibilità: fare una donazione direttamente a Rokia, la povera ragazza raffigurata nella foto; devolvere una somma di denaro alle vittime della denutrizione in genere, in base a statistiche che spiegavano in dettaglio le loro disperate condizioni; e infine una combinazione delle due cose, vale a dire una serie di statistiche allegate alla fotografia con cui si chiedeva un contributo per la ragazza. Non stupisce che la foto di Rokia abbia fatto raccogliere il doppio rispetto alla seconda opzione; ma, stranamente, l'aggiunta di informazioni alla foto ridusse addirittura del 35 per cento il desiderio di contribuire.

Tehila Kogut e Ilana Ritov dell'Università ebraica di Gerusalemme sostengono che la dinamica secondo la quale vagliamo le informazioni riguardanti un individuo bisognoso è qualitativamente diversa da quella che ci porta a prendere in considerazione un gruppo che si trovi in circostanze analoghe. Un loro esperimento rivelò che il desiderio di soccorrere un bambino malato di cancro, singolo e ben identificabile, era più forte di quello di fare una donazione a un gruppo di otto (identificabili!) bambini affetti dallo stesso male.

E dunque, qual è il numero troppo grande che rende invisibili gli «altri»? Paul Slovik e altri ricercatori hanno cercato di scoprire qual è il numero più alto per il quale la nostra coscienza riesce ancora a destarsi. Aggiunsero alla foto di Rokia quella di Maussa, un ragazzo del Mali che soffriva anch'egli di denutrizione. Risultò evidente che la nostra capacità di sviluppare sentimenti nei confronti di più di una persona è limitata. I contributi per ciascun ragazzo separatamente ammontavano a una cifra maggiore rispetto a quella raccolta per i due insieme.

Bill Gates è noto per le sue limitate doti relazionali; alcuni affermano che egli soffra addirittura di una seria patologia della sfera emozionale. Ma, per quanto lo possiamo considerare un asociale fanatico del computer, ci sono poche persone che arrivano a eguagliarlo quando si tratta del pensiero astratto sui grandi numeri, o di capire i problemi dei milioni di africani di cui si occupa grazie alle generose attività della sua organizzazione benefica.

Su questo stesso argomento, nel 2007, sulla rivista «Wired» Clive Thompson scrisse: «Tendiamo a credere che per porre rimedio alla malattia e alla morte sia necessario avere una maggiore empatia. Ma forse rincorriamo l'idea sbagliata; forse dovremmo evitare quei leader che "sentono il vostro dolore", perché i loro sentimenti arriveranno sì e no a far del bene a otto persone... Quello che ci serve sono altri Bill Gates, gente concentrata su un problema in modo quasi autistico, con il senso viscerale e immediato di che cosa vuol dire un milione, gente con abbastanza immaginazione da vedere oltre il sesso degli angeli, perché, se vogliamo fermare le tragedie di massa che affliggono il nostro mondo, gli angeli ci serviranno tutti».

Ma aspettate un momento: che siano davvero i leader del mondo degli affari a corrispondere a questa definizione incisiva?

Fai la cosa giusta. All'ombra di Mr Smith

> Non è certo dalla benevolenza del macellaio, del birraio o del fornaio che ci aspettiamo il nostro pranzo, ma dal fatto che essi hanno cura del proprio interesse. Noi non ci rivolgiamo alla loro umanità, ma al loro egoismo e con loro non parliamo mai delle nostre necessità, ma dei loro vantaggi [...] Ogni individuo [...] non intende, in genere, perseguire l'interesse pubblico, né è consapevole della misura in cui lo sta perseguendo. Quando preferisce il sostegno dell'attività produttiva del suo paese invece di quella straniera, egli mira solo alla propria sicurezza e, quando dirige tale attivi-

> tà in modo tale che il suo prodotto sia il massimo possibile, egli mira solo al suo proprio guadagno ed è condotto da una mano invisibile, in questo come in molti altri casi, a perseguire un fine che non rientra nelle sue intenzioni.*

Queste parole, scritte da Adam Smith nel 1776 nella sua *Indagine sulla natura e le cause della ricchezza delle nazioni*, hanno posto le basi dell'economia occidentale come la conosciamo ancora oggi. Smith, tutt'altro che privo di interesse nei confronti del senso della responsabilità sociale, si batté utilizzando il proprio manifesto per sollecitare la cancellazione dei privilegi di cui godevano le gilde e le corporazioni durante il periodo che precedette la Rivoluzione industriale. I suddetti privilegi dovevano venire sostituiti dall'economia di mercato, anche a costo di un intervento da parte del governo.

Ottant'anni più tardi, Charles Darwin presentava la sua teoria dell'evoluzione nell'*Origine delle specie*. Questa teoria, il cui valore scientifico è immenso, ha prodotto un corollario assai problematico: chiunque seguisse la linea di pensiero di Smith, cioè che un'attività economica portata avanti per interesse personale contribuisce alla società nel suo complesso, era ben lieto di scoprire che un simile comportamento era anche utile a garantire la propria sopravvivenza personale. La combinazione di queste due teorie ha avuto un'influenza enorme sugli sviluppi economici e sociali in Occidente; fra questi (e non è il più evidente) annoveriamo la continua erosione oggi in atto della roccaforte della fede, e con essa il fattore determinante ai fini di tenere un comportamento sociale responsabile: la fiducia fra persone. Fino alla metà del ventesimo secolo in quasi tutto il mondo occidentale vi era un certo grado

* Adam Smith, *Indagine sulla natura e le cause della ricchezza delle nazioni*, trad. it. Franco Bartoli, Cristiano Camporesi, Sergio Caruso, Istituto Editoriale Internazionale, Milano 1973.

di fiducia, ma ora questa (come già ho descritto in precedenza) si è sgretolata, si è ridotta quasi della metà. Il vuoto lasciato dalla perdita di fiducia e di fede è stato riempito dal materialismo e dal consumismo, e gli affari sono diventati il centro di potere più forte del mondo. In questi tempi di economia globale, sono gli affari che riempiono le casse dello Stato; quanto a potenza, soltanto la Chiesa Cattolica del Medioevo può essere paragonata al mondo degli affari. La crescita accelerata in questo settore garantisce che questa egemonia rimarrà costante almeno per il prossimo futuro. I rendimenti che si ottenevano qualche decennio fa ora si raggiungono in una settimana, se non addirittura in un giorno.

Tuttavia, negli ultimi tempi, considerazioni di carattere ecologico sono sopraggiunte a incupire l'orizzonte della società dei consumi. Se per migliaia di anni l'uomo ha dato forma alla terra, oggi, per la prima volta, possiamo dire che è la terra a dar forma agli umani. Si tratta di un'eccellente occasione per rimettere in discussione le basi dell'economia quali Smith e altri le hanno poste più di duecento anni fa. Secondo l'economia tradizionale, il prezzo di un bene è determinato dalla somma di risorse che vi sono state investite: materia prima, manodopera, energia, ecc. Il grado di efficienza con il quale queste risorse vengono utilizzate determina la maggiore o minore competitività di chi produce beni. Ai tempi della Rivoluzione industriale la struttura sociale era semplice, e nel calcolare il costo di un prodotto non esistevano dati impossibili da misurare. Il prezzo ombra (quello i cui costi sono nascosti e indiretti) rimaneva fuori dall'equazione.

Un piccolo esperimento condotto nel 2006 in Sicilia illustra bene il rischio che corriamo quando diamo credito assoluto alla «mano invisibile» di Smith. I vini rossi della cantina di Milazzo hanno un sapore assai caratteristico e robusto, e si sono meritati molti premi. Con un coraggio insolito il proprietario delle cantine, Saverio Lo Leggio, accordò il permesso a un gruppo di ricercatori dell'Università di Palermo di esaminare il raccolto del 2004 in modo da calcolare l'incidenza della sua produzione sull'ambiente. Lo Leggio apprese con stupore che una sola bottiglia di Terre della Baronia, il vino di bandiera della tenuta, genera circa mezzo chilo di rifiuti e rilascia nell'aria sedici grammi di solfiti tossici. Soltanto l'annata 2004 (100.000 bottiglie) produsse 10 tonnellate di rifiuti di plastica e 5 di carta, per non parlare dell'acqua e delle emissioni di ossido di carbonio.

Le misurazioni d'avanguardia fatte presso la cantina di Milazzo ci hanno insegnato che le piccole imprese («il macellaio, il birraio, il fornaio») sono responsabili del 60 per cento dell'inquinamento terrestre, e di più del 50 per cento dei danni ambientali. A quanto pare, il modello economico tradizionale non ha gli strumenti per calcolare il costo ombra dell'inquinamento. La scienza è ormai perfettamente in grado di misurare la quantità di materiali inquinanti rilasciata nell'ambiente durante i processi di produzione, e queste informazioni potrebbero figurare sull'etichetta dei prodotti allo stesso modo del contenuto di grassi, calorie, sale o colesterolo. Non credete sia giunto il momento che noi, cittadini di questa società dei consumi, veniamo informati dei costi ombra, sociali e ambientali, che dobbiamo pagare?

Le aziende più avanzate sono ben coscienti che per essere competitive non possono tenere conto solo del prezzo del prodotto o del servizio fornito. Non è più possibile ignorare i costi ombra che provocano danni ecologici, sociali e morali. È ora che le piccole imprese si mettano in riga, perché, se è vero che è il consumatore a pagare il prezzo di un prodotto, è su tutta la società che ricade quello ombra.

Noi, che siamo la società, abbiamo fornito al mondo degli affari la struttura legale che gli ha consentito di prosperare, grazie alla limitazione delle responsabilità finanziarie personali degli imprenditori, il che ha permesso loro di rischiare e avere successo senza dover mettere a repentaglio i propri beni personali nell'eventualità di un fallimento. Ma non abbiamo mai chiesto niente in cambio. È arrivato il momento di presentare il conto della nostra generosità e di pretendere che i prezzi ombra che ci fanno pagare scendano. Prima che l'economia tradizionale sparisca, e noi insieme a lei.

Bibliografia

I. *Latte bevuto o latte versato?*

Adler, David, *Baby Steps to Grown-up Control*, in «Psychology Today», gennaio-febbraio 2007.

Ball, Philip, *Critical Mass: How One Thing Leads to Another*, Arrow Books, London 2005.

Brickman, Philip – Coates, Dan – Janoff-Bulman, Ronnie, *Lottery Winners and Accident Victims: Is Happiness Relative?*, in «Journal of Personality and Social Psychology», XXXVI, 8, 1978, pp. 917-27.

Cohen, Patricia – Cohen, Jacob, *Life Values and Adolescent Mental Health*, Lawrence Erlbaum Associates, Mahwah (NJ) 1996.

Dalai Lama, *L'arte della felicità*, trad. it. di Roberto Cagliero, Mondadori, Milano 2005.

Darley, John M. – Latané, Bibb, *Bystander Intervention in Emergencies: Diffusion of Responsibility*, in «Journal of Personality and Social Psychology», VIII, 4, 1968, pp. 377-83.

DeNeve, Kristina M. – Cooper, Harris, *The Happy Personality: A Meta-Analysis of 137 Personality Traits and Subjective Well-Being*, in «Psychological Bulletin», CXXIV, 1998, pp. 197-229.

Dennis, Felix, *How to Get Rich*, Ebury Press, London 2006.

Diener, Ed – Oishi, Shigehiro, *Money and Happiness: Income and Subjective Well-Being Across Nations*, in Ed Diener – Eunkook M. Suh (a cura di), *Culture and Subjective Well-Being*, MIT Press, Cambridge (MA) 2000, pp. 185-218.

Duckworth, Angela L. – Seligman, Martin E.P., *Self Discipline Outdoes IQ in Predicting Academic Performance of Adolescents*, in «Journal of Psychological Science», XVI, 12, 2005, pp. 939-44.

Fredrickson, Barbara L., *Positive Emotions*, in Rick C. Snyder – Shane J.

Lopez (a cura di), *Handbook of Positive Psychology*, Oxford University Press, New York 2002, pp. 120-34.

Gibbons, Frederick X., *Social Comparison and Depression: Company's Effect on Misery*, in «Journal of Personality and Social Psychology», LI, 1986, pp. 140-48.

Gilbert, Daniel, *Stumbling on Happiness*, Harper Press, London 2006.

Gilbert, Daniel, – Pinel, Elizabeth C. – Wilson, Timothy D. – Blumberg, Stephen, J. – Wheatley, Thalia P., *Immune Neglect: A Source of Durability Bias in Affective Forecasting*, in «Journal of Personality and Social Psychology», LXXV, 3, 1998, pp. 617-38.

Goffman, Erving, *La vita quotidiana come rappresentazione*, trad. it. di Margherita Ciacci, Il Mulino, Bologna 2007.

Gruder, Charles L., *Choice of Comparison Persons in Evaluating Oneself*, in Jerry M. Suls – Richard L. Miller (a cura di), *Social Comparison Processes: Theoretical and Empirical Perspectives*, Hemisphere, Washington (DC) 1977, pp. 21-41.

Honoré, Carl, *E vinse la tartaruga: elogio della lentezza*, trad. it. di Roberta Zuppet, Sonzogno, Milano 2004.

Kahneman, Daniel – Krueger, Alan B. – Schkade, David – Schwarz, Norbert – Stone, Arthur A., *Measuring the Quality of Life* (2003, lavoro mai pubblicato).

Kasser, Tim – Ryan, Richard M., *Further Examining the American Dream: Differential Correlates of Intrinsic and Extrinsic Goals*, in «Personality and Social Psychology Bulletin», XXII, 1996, pp. 281-88.

Layard, Richard, *Felicità: la nuova scienza del benessere*, trad. it di Daniele Didero, Rizzoli, Milano 2005.

Lykken, David, *Happiness: What Studies on Twins Show Us about Nature, Nurture, and the Happiness Set Point*, Golden Books, New York 1999.

Lyubomirsky, Sonja – Tucker, Kari L. – Kasri, Fazilet, *Responses to Hedonically Conflicting Social Comparisons: Comparing Happy and Unhappy People*, in «European Journal Social Psychology», XXXI, 5, 2001, pp. 511-35.

Martin, Paul, *Making Happy People: The Nature of Happiness and Its Origins in Childhood*, Fourth Estate, London - New York 2005.

Mihaly, Csikszentmihalyi, *Flow: The Psychology of Optimal Experience*, Harper and Row, New York 1990.

Muraven, Mark – Baumeister, Roy F., *Self-Regulation and Depletion of Limited Resources: Does Self-Control Resemble a Muscle?*, in «Psychological Bulletin», CXXVI, 2, 2000, pp. 247-59.

Myers, David G., *The Pursuit of Happiness: Who is Happy and Why*, Avon Books, New York 1993.

—, *Psychology*, Worth Publishers, New York 2004.

—, *The Secret of Happiness*, in «Yes! Magazine», estate 2004.

Myers, David G. – Diener Ed, *Who is Happy?*, in «Psychological Sciences», 6, 1995, pp. 10-19.

Néda, Zoltan – Ravasz, Erzsebet – Brechet, Yves – Vicsek, Tamás – Barabási, Albert-Laszlo, *The Sound of Many Hands Clapping*, in «Nature», CDIII, 6772, 2000, pp. 849-50.

Niven, David, *Cento segreti per essere felici: cosa fare per godersi di più la vita*, Gribaudi, Milano 2005.

Oliver, Joan D., *Happiness: How to Find It and Keep It*, Duncan Baird Publishers, London 2005.

Prager, Dennis, *Happiness Is a Serious Problem*, Harper Collins, London 1999.

Russell, Bertrand, *La conquista della felicità*, trad. it. di Giuliana Pozzo Galeazzi, TEA, Milano 2007.

—, *Elogio dell'ozio*, trad. it. di Elisa Marpicati, Longanesi, Milano 2007.

Sheldon, Kennon M. – Kasser, Tim, *Pursuing Personal Goals: Skills Enable Progress But Not All Progress Is Beneficial*, in «Personality and Social Psychology Bulletin», XXIV, 1998, pp. 1319-31.

Smith, Adam, *Indagine sulla natura e le cause della ricchezza delle nazioni*, trad. it. di Franco Bartoli, Cristiano Camporesi e Sergio Caruso, Istituto Editoriale Internazionale, Milano 1973.

Stasser, Garold – Titus, William, *Pooling of Unshared Information in Group Decision Making*, in «Journal of Personality and Social Psychology», XLVIII, 6, 1985, pp. 1467-78.

Stasser, Garold – Stewart, Dennis, *Discovery of Hidden Profiles by Decision-Making Groups*, in «Journal of Personality and Social Psychology», LXIII, 3, 1992, pp. 426-34.

Suls, Jerry M. – Wheeler, Ladd (a cura di), *Handbook of Social Comparison: Theory and Research*, Kluwer Academic/Plenum Publishers, New York 2000.

Taleb, Nassim N., *Giocati dal caso: il ruolo della fortuna nella finanza e nella vita*, trad. it. di Gianluca Monaco, Il Saggiatore, Milano 2003.

Van Boven, Leaf, *Experientialism, Materialism, and the Pursuit of Happiness*, in «Review of General Psychology», IX, 2, 2005, pp. 132-42.

Van Boven, Leaf – Gilovich, Thomas, *To Do or to Have? That Is the Question*, in «Journal of Personality and Social Psychology», LXXXV, 2003, pp. 1193-202.

Vohs, Kathleen D. – Faber, Ronald J., *Spent Resources: Self-Regulatory Resource Availability Affects Impulse Buying*, in «Journal of Consumer Research», XXXIII, 44, 2007, pp. 537-47.

Warren, Charles E.T. – Benson, James – Robert Frank, *Uomini sul fondo*, trad. it. di Aldo Cocchia, Longanesi, Milano 1970.
Wiseman, Richard, *Fattore fortuna*, trad. it. di Roberta Zuppet, Sonzogno, Milano 2003.

II. *Darwin, SpA*

Adler, Kathleen – Hirshler, Erica E. – Weinberg, Barbara H., *Americans in Paris, 1860-1900 (22 February - 21 May 2006)*, The National Gallery London, London 2006.
Banfield, Edward C., *Le basi morali di una società*, trad. it. di Giuseppe Guglielmi, Alessio Colombis e Domenico De Masi, Il Mulino, Bologna 2006.
Bar-Eil, Michael – Azar, Ofer H. – Ritvo, Ilana – Levin, Yael K. – Schein, Galit, *Action Bias Among Elite Soccer Goalkeepers. The Case of Penalty Kicks*, in «Journal of Economic Psychology», XXVIII, 5, 2007, pp. 606-21.
Bebchuk, Lucian – Cohen, Alma – Ferrell, Allen, *What Matters in Corporate Governance?*, Harvard Law School, Cambridge (MA) 2004.
Bell, Rick – Pliner, Patricia L., *Time to Eat: The Relationship Between the Number of People Eating and Meal Duration in Three Lunch Settings*, in «Appetite», XLI, 2, 2003, pp. 215-18.
Boyle, David, *The Tyranny of Numbers: Why Counting Can't Make Us Happy*, HarperCollins, London 2000.
Brinson, Gary P. – Hood, Randolph L. – Beebowers, Gilbert L., *Determinants of Portfolio Performance*, in «Financial Analysts Journal» LI, 1, 1995, pp. 133-38.
Carrieri, Maria Patrizia – Serraino, Diego, *Longevity of Popes and Artists between the 13th and 19th Century*, in «International Journal of Epidemiology», XXXIV, 6, 2005, pp. 1435-36.
Cohen, William A. – Cohen, Nurit, *The Paranoid Corporation and Eight Other Ways Your Company Can Be Crazy*, American Management Association, New York 1993.
Conley, Dalton, *The Pecking Order: Which Siblings Succeed and Why*, Pantheon Books, New York 2004.
D'Adamo, Peter J., *L'alimentazione su misura*, trad. it. di Rossella Traldi, Sperling & Kupfer, Milano 2007.
Dawkins, Richard, *Il gene egoista: la parte immortale di ogni essere vivente*, trad. it. di Giorgio Corte e Adriana Serra, Mondadori, Milano 1995.
Fama, Eugene – Kenneth, French, *Migration* (febbraio 2007, studio mai pubblicato).
Faust, David, *The Limits of Scientific Reasoning*, University of Minnesota Press, Minneapolis 1984.

Ford, Charles V., *«Lies!, lies!!, lies!!!»: The Psychology of Deceit*, American Psychiatric Press, Washington (DC) 1996.

Fouts, Roger, *La scuola delle scimmie: come ho insegnato a parlare a Washoe*, trad. it. di Antonella Fagioli, Oscar Mondadori, Milano 2000.

Freud, Siegmund, *Una fantasia di Leonardo da Vinci*, in Mario Lavagetto (a cura di), *Palinsesti freudiani*, Bollati Boringhieri, Torino 1998.

Galenson, David, *Old Masters and Young Geniuses: The Two Life Cycles of Artistic Creativity*, Princeton Press, Princeton - Oxford 2006.

Gladwell, Malcolm, *In un batter di ciglia: il potere segreto del pensiero intuitivo*, trad. it. di Massimo Parizzi, Oscar Mondadori, Milano 2006.

—, *Age Before Beauty*, lezione alla Columbia University (trascrizione di John Lennox).

Gneezy, Uri – Rustichini, Aldo, *Pay Enough or Don't Pay at All*, in «The Quarterly Journal of Economics», CXV, 3, 2000, pp. 791-810.

Goldberg, Lewis R., *Simple Models or Simple Processes? Some Research on Clinical Judgements*, in «American Psychologist», XXIII, 1968, pp. 483-96.

Grinnel, John – McComb, Karen, *Roaring and Social Communication in African Lions: The Limitations Imposed by Listeners*, in «Animal Behaviour», LXII, 1, 2001, pp. 93-98.

Grove, William M. – Zald, David H. – Lebow, Boyd S. – Snitz, Beth E. – Nelson, Chad, *Clinical Versus Mechanical Prediction: A Meta-Analysis*, in «Psychological Assessment», XII, 1, 2000, pp. 19-30.

Grove, William M. – Meehl, Paul E., *Comparative Efficiency of Informal and Formal Prediction Procedures*, in «Psychology, Public Policy and Law», II, 2, 1996, pp. 293-323.

Haddon, Mark, *Lo strano caso del cane ucciso a mezzanotte*, trad. it. di Paola Novarese, Einaudi, Torino 2003.

Hancock, Jeff T. - Thom-Santelli, Jennifer - Ritchie, Thompson, *Deception and Design: The Impact of Communication Technologies on Lying Behavior*, in *Proceedings, Conference on Computer Human Interaction*, ACM Press, New York 2004, pp. 130-36.

Hollander, Dory, *Le 101 bugie che gli uomini dicono alle donne e perché le donne ci credono*, trad. it. di Anna Del Bo Boffino, Mondadori, Milano 1997.

Houser, Daniel – Kurzban, Robert, *An Experimental Investigation of Cooperative Types in Human Groups: A Complement to Evolutionary Theory and Simulations*, in «Proceedings of the National Academy of Science», CII, 5, 2005, pp. 1803-07.

Kaufman, James, *Average Literary Life Spans*, in «Journal of Death Studies», 2004.

Kay, Sue, *No More Clutter*, Hodder Mobius, London 2006.

Kets de Vries, Manfred F.R. – Miller, Danny, *L'organizzazione nevrotica:*

una diagnosi in profondità dei disturbi e delle patologie del comportamento organizzativo, Cortina, Milano 1992.

King, Ross, *Il papa e il suo potere: Michelangelo e la nascita avventurosa della Cappella Sistina*, Mondolibri, Milano 2003.

Kogut, Tehila – Ritov, Ilana, *The «Identified Victim» Effect: An Identified Group, or Just a Single Individual?*, in «Journal of Behavioral Decision Making», XVIII, 3, 2005, pp. 157-67.

Kohn, Alfie, *Punished by Rewards: The Trouble with Gold Stars, Incentive Plans, A's, Praise, and Other Bribes*, Houghton Mifflin Co., Boston 1999.

Landler, Mark, *Sex Cars and the German Psyche*, in «International Herald Tribune», 8 giugno 2004.

Langer, Ellen – Black, Arthur – Chanowitz, Benzion, *The Mindlessness of Ostensibly Thoughtful Action: The Role of «Placebic» Information in Interpersonal Interaction*, in «Journal of Personality and Social Psychology», XXXVI, 6, 1978, pp. 635-42.

Lewis, Michael, *Moneyball: The Art of Winning an Unfair Game*, W.W. Norton, New York 2003.

Mellström, Carl – Joannesson, Magnus, *Crowding Out in Blood Donation: Was Titmus Right?*, in «Journal of the European Economic Association», VI, 4, 2008, pp. 845-63.

Milgram, Stanley, *Obbedienza all'autorità: uno sguardo sperimentale*, trad. it. di Roberto Ballabeni, Fabbri, Milano 2007.

Nicholl, Charles, *Leonardo da Vinci: The Flights of the Mind*, Penguin, London 2004.

Painter, James E. – Wansink, Brian – Van Ittersum, Koert, *How Do Descriptive Menu Labels Influence Customers?*, in «Cornell Hotel & Restaurant Administration Quarterly», XLII, 6, 2001, pp. 68-72.

Painter, James E. – Wansink, Brian – Hieggelke, J.B., *How Visibility and Convenience Influence Candy Consumption*, in «Appetite», XXXVIII, 3, 2002, pp. 237-38.

Paulos, John Allen, *Un matematico gioca in borsa: consigli e sconsigli per chi vuole diventare ricco con le buone azioni*, trad. it. di Roberto Merlini, Garzanti, Milano 2004.

Pennington, Nancy – Hastie, Reid, *Evidence Evaluation in Complex Decision Making*, in «Journal of Personality and Social Psychology», LI, 2, 1986, pp. 242-58.

—, *Explaining the Evidence: Further Tests of the Story Model for Juror Decision Making*, in «Journal of Personality and Social Psychology», LXII, 2, 1992, pp. 189-206.

Risen, Jane L. – Gilovich, Thomas, *Target and Observer Differences in the Acceptance of Questionable Apologies*, in «Journal of Personality and Social Psychology», XCII, 3, 2007, pp. 418-33.

Rosati, Alexandra G. – Stevens, Jeffrey R. – Hare, Brian – Hansen, Marc D., *The Evolutionary Origins of Human Patience: Temporal Preferences in Chimpanzees, Bonobos and Human Adults*, in «Current Biology», XVII, 19, 2007, pp. 1663-68.

Rottenstreich, Yuval – Hsee, Christopher K., *Money, Kisses, and Electric Shocks: An Affective Psychology of Risk*, in «Psychological Science», XII, 2001, pp. 185-190.

Ruscio, John, *Holistic Judgment in Clinical Practice: Utility or Futility?*, in «Scientific Review of Mental Health Practice», II, 1, 2003, pp. 38-48.

Schwartz, Barry, *The Paradox of Choice: Why More Is Less*, Ecco, New York 2004.

Slater, Lauren, *Opening Skinner's Box: Great Psychological Experiments of the Twentieth Century*, W.W. Norton, New York 2005.

Slovic, Paul, *«If I Look at the Mass I Will Never Act»: Psychic Numbing and Genocide*, in «Judgement and Decision Making», II, 2, aprile 2007, pp. 79-95.

Smith, David L., *Why We Lie: The Evolutionary Roots of Deception*, St. Martin's Press, New York 2004.

Sulloway, Frank J., *Fratelli maggiori, fratelli minori: come la competizione tra fratelli determina la personalità*, traduttori vari, Mondadori, Milano 1999.

Tversky, Amos – Shafir, Eldar, *Choice Under Conflict: The Dynamics of Deferred Decisions*, in «Psychological Science», III, 6, 1992, pp. 358-61.

Tyler, James M. – Feldman, Robert S. *Truth, Lies, and Self-Presentation: How Gender and Anticipated Future Interaction Relate to Deceptive Behavior*, in «Journal of Applied Social Psychology», XXXIV, 12, 2004, pp. 2602-15.

The Vanguard Group Inc., *Sources of Portfolio Performance: The Enduring Importance of Asset Allocation*, luglio 2003.

Waal, Frans, de, *La politica degli scimpanzé: potere e sesso tra le scimmie*, trad. it. di Margherita Cerletti Novelletto, Laterza, Roma - Bari 1984.

Wansink, Brian, *Mindless Eating: perché mangiamo senza pensarci?*, trad. it. di Marina Marino, Pisani, Isola dei Liri 2007.

Arnoldo Mondadori Editore S.p.A.

Questo volume è stato stampato
presso Mondadori Printing S.p.A.
Stabilimento Nuova Stampa Mondadori - Cles (TN)

Stampato in Italia - Printed in Italy